AF723537

Inhaltsangabe

I. Volks- und Betriebswirtschaft

A. Markt, Preis & Wettbewerb

Aufgabe 1
In der Bundesrepublik Deutschland gilt die Wirtschaftsordnung der sozialen Marktwirtschaft.

a) Erklären Sie den Unterschied zwischen der freien Marktwirtschaft und der sozialen Marktwirtschaft.

b) Wie bilden sich Preise in der freien Marktwirtschaft grundsätzlich?

c) Ordnen Sie die Aussagen entsprechend zu.

1. Jeder kann Verträge abschließen, so wie er es möchte.	
2. Per Gesetz werden Mütter geschützt.	a) Freie Marktwirtschaft
3. Es gilt der Grundsatz: Eigentum verpflichtet.	
4. Unternehmen können produzieren, was sie möchten.	b) Soziale Marktwirtschaft
5. Privateigentum ist nicht eingeschränkt.	

Aufgabe 2
Erläutern Sie die Begriffe Angebotsmonopol, Polypol und Oligopol.

Aufgabe 3
Der Staat greift mit der Wettbewerbspolitik in den freien Wettbewerb am Markt ein.

a) Weshalb tut der Staat das?

b) Geben Sie 3 Beispiele für einen direkten Eingriff und 3 Beispiele für einen indirekten Eingriff des Staates in die freie Preisbildung.

c) Welche Aufgaben hat das Bundeskartellamt in der Wettbewerbspolitik?

Aufgabe 4
Erklären Sie den Begriff Preisdifferenzierung.

Aufgabe 5
Was ist unter Einkommenselastizität zu verstehen?

Top-Prüfung
Küchenmeister
Meister / Fachwirt im Gastgewerbe

400 Testaufgaben zur Prüfungsvorbereitung
„Wirtschaftsbezogene Qualifikationen“

- Volks- und Betriebswirtschaft
- Rechnungswesen
- Recht und Steuern
- Unternehmensführung

Top-Prüfung.de

Claus G. Ehlert

Vorwort

Dieses Buch dient zur Vorbereitung auf den Prüfungsteil „**Wirtschaftsbezogene Qualifikationen**“ für die Weiterbildung zum Küchenmeister, Meister im Gastgewerbe und Fachwirt im Gastgewerbe. Es ist nicht als Lehrbuch konzipiert, sondern soll auf mögliche Prüfungsfragen vorbereiten und Schwachstellen in Ihrem Wissen aufdecken.

Es werden Aufgaben zu allen 4 Teilbereichen gestellt.

- Volks- und Betriebswirtschaft
- Rechnungswesen
- Recht und Steuern
- Unternehmensführung

Übersicht der abzulegenden Prüfungen:

Küchenmeister / Meister im Gastgewerbe | **Fachwirt im Gastgewerbe**

⇧ ⇧ ⇧

Praktische Prüfung ⇧

⇧ ⇧ ⇧

Prüfung Handlungsspezifische Qualifikationen

⇧ ⇧ ⇧

Prüfung Wirtschaftsbezogene Qualifikationen

⇧ ⇧ ⇧

Ausbildung als Koch, Hotelfachmann/-frau, Restaurantfachfrau/-mann, Fachkraft im Gastgewerbe mit Abschluss

Die Aufgaben orientieren sich am Rahmenlehrplan des DIHK (Deutscher Industrie- und Handelskammertag).

Die Testaufgaben sind in praktischen Blöcken zu 10 - 15 Fragen aufgeteilt. Sie können immer einen Aufgabenblock bearbeiten und dann vergleichen. Die Lösungen finden Sie direkt nach jedem Aufgabenblock.

Viel Erfolg bei Ihrer Prüfungsvorbereitung!

Autor: Claus G. Ehlert, Rettiner Weg 66, 23730 Neustadt
www.top-pruefung.de – E-Mail: info@top-pruefung.de

2. Auflage: März 2023
ISBN: 978-3-943665-314

Aufgabe 6

Sie arbeiten im Elbmetropol Kongresshotel in Hamburg. Für die Planung für das kommende Jahr erhalten Sie folgende Zahlen als Prognose.

Anbieter (Preis pro Doppelzimmer)		**Nachfrager** (Preis pro Doppelzimmer)
100 Zimmer zum Preis von 120 €		50 Zimmer für 120 €
90 Zimmer zum Preis von 110 €		60 Zimmer für max. 110 €
80 Zimmer zum Preis von 100 €		70 Zimmer für max. 100 €
75 Zimmer zum Preis von 95 €		75 Zimmer für max. 95 €
60 Zimmer zum Preis von 80 €		90 Zimmer für max. 80 €
50 Zimmer zum Preis von 70 €		100 Zimmer für 70 €

a) Was ist allgemein unter „Gleichgewichtspreis“ zu verstehen?

b) Wie hoch ist der Gleichgewichtspreis pro Doppelzimmer? Tragen Sie in die Tabelle ein, ob ein Angebotsüberhang oder Nachfrageüberhang bei den jeweiligen Preisen vorliegt.

Preis pro DZ	Angebot	Nachfrage	Angebots-überhang	Nachfrage-überhang
120 €				
110 €				
100 €				
95 €				
80 €				
70 €				

c) Stellen Sie die Prognose der Marktsituation in einem Preis-Mengen-Diagramm dar.

d) Was ist ein Angebotsüberhang?

Aufgabe 7

In den Nachrichten ist häufig von „Globalisierung“ zu lesen und zu hören.

a) Was ist unter „Globalisierung“ zu verstehen?

b) Nennen Sie 4 negative Auswirkungen der Globalisierung.

Lösungen zu Aufgabenblock A

Aufgabe 1:

a) Um stärkere soziale Ungerechtigkeiten zu verhindern, greift der Staat durch Regeln in die freie Marktwirtschaft ein. Zum Beispiel verhindert das Kündigungsschutzgesetz, dass Arbeitnehmer jederzeit und ohne Grund entlassen werden können.

b) Die Preisbildung erfolgt durch Angebot und Nachfrage.

c) 1a, 2b, 3b, 4a, 5a

Aufgabe 2:

Angebotsmonopol:	Es gibt einen Anbieter und viele Nachfrager.
Polypol:	Es gibt viele Anbieter und viele Nachfrager.
Oligopol:	Es gibt wenige Anbieter und viele Nachfrager.

Aufgabe 3:

a) Der Staat versucht im Interesse der Verbraucher sowie aller Unternehmen (unabhängig von Größe und Rechtsform) einen funktionsfähigen, möglichst unbeschränkten Wettbewerb zu gewährleisten.

b)

Direkter Eingriff	Beispiele
Mindestpreise:	Interventionspreise der EU für Agrarprodukte, Mindestlohn.
Höchstpreise:	Mietendeckelung für den Wohnungsmarkt.
Festpreise:	Gebühren bei Behördenleistungen, Honorar bei Rechtsanwälten und Notaren.
Indirekter Eingriff	**Beispiele**
Subventionen:	Subventionen an private Unternehmen (z. B. Steinkohlebergbau, Werften), Förderung neuer Technologien (z. B. Sonnenenergie).
Einfuhrzölle:	Einfuhr von Rohstoffen und Gütern aus Nicht-EU-Ländern.
Steuern:	Mineralölsteuer, Tabaksteuer, Alkoholsteuer.

c) Das Bundeskartellamt (BKartA) kann bedenkliche Zusammenschlüsse von Unternehmen verbieten, missbräuchliche Verhaltensweisen untersagen, Auflagen erteilen und Geldbußen verhängen. Dafür verfügt die Wettbewerbsbehörde über weitgehende Ermittlungsbefugnisse.

Aufgabe 4: Für die gleiche Leistung oder das gleiche Produkt werden unterschiedliche Preise verlangt. Mit diesem Instrument der Preisgestaltung versuchen Anbieter, die Zahlungsbereitschaft der Nachfrager optimal auszuschöpfen. Die Differenzierung kann zeitlicher, räumlicher, personeller oder sachlicher Art sein.

Aufgabe 5: Die Einkommenselastizität der Nachfrage gibt an, wie stark sich die Nachfrage nach einem Gut relativ ändert, wenn sich das Einkommen eines Haushaltes ändert.

$$\text{Einkommenselastizität} = \frac{\text{Prozentuale Änderung der Nachfragemenge}}{\text{Prozentuale Änderung des Einkommens}}$$

Wenn sich infolge einer Einkommenssteigerung von 10 % die Nachfrage nach einem bestimmten Gut um 12 % erhöht, beträgt die Einkommenselastizität dieses Gutes 1,2.

Aufgabe 6:

a) Beim Gleichgewichtspreis sind Angebot und Nachfrage gleich stark.

b)

Preis pro DZ	Angebot	Nachfrage	Angebots-überhang	Nachfrage-überhang
120 €	100 Zimmer	50 Zimmer	50	
110 €	90 Zimmer	60 Zimmer	30	
100 €	80 Zimmer	70 Zimmer	10	
95 €	**75 Zimmer**	**75 Zimmer**	**0**	**0**
80 €	60 Zimmer	90 Zimmer		30
70 €	50 Zimmer	100 Zimmer		50

Der Gleichgewichtspreis beträgt **95,00 €.**

c)

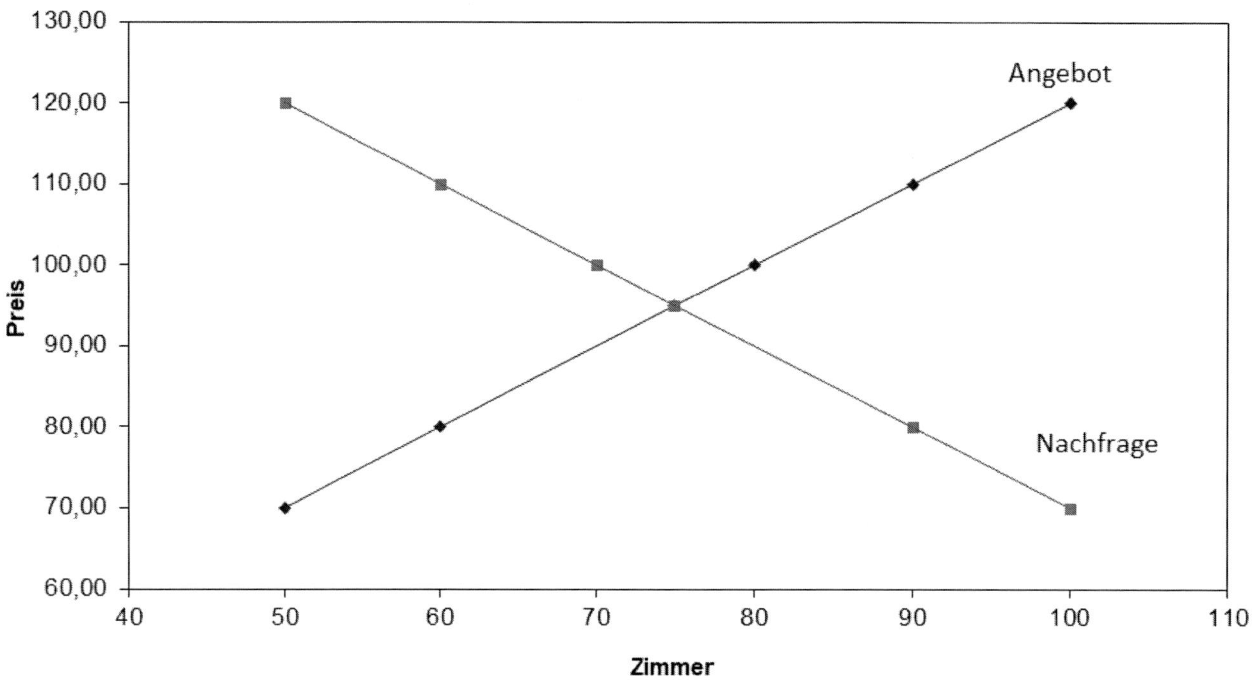

d) Beim Angebotsüberhang ist das Angebot höher als die Nachfrage. Durch die Konkurrenz der Anbieter sinkt der Preis.

Aufgabe 7:

a) Der Begriff Globalisierung bezeichnet den Vorgang, dass weltweite Verflechtungen in vielen Bereichen der Wirtschaft (aber auch Politik, Kultur, Umwelt) zunehmen.

b)

- Zunahme des internationalen Wettbewerbs und dadurch negative Auswirkungen auf die Arbeitsplätze (Arbeitsplatzsicherheit, schlechte Arbeitsbedingungen, Dumpinglöhne, Kinderarbeit).
- Lange, nicht ökologische Transportwege.
- Ausbeutung der Natur.
- Zunahme des Unterschiedes zwischen armen und reichen Ländern.

B. Volkswirtschaft, Konjunktur und Wirtschaftswachstum

Aufgabe 1
Die Ostsee Hotel AG betreibt 4 Hotels in Schleswig-Holstein und Mecklenburg-Vorpommern. Die Geschäftsleitung überlegt, in Dänemark, Schweden oder Polen ein weiteres Hotel zu eröffnen.

a) Zur Entscheidungsfindung soll das Bruttoinlandsprodukt / Bruttonationaleinkommen berücksichtigt werden. Erklären Sie die beiden Kennzahlen.

b) Was ist der Unterschied zwischen der nominalen und realen Wachstumsrate des Bruttoinlandsprodukts?

c) Bei der Standortauswahl unterscheidet man harte und weiche Standortfaktoren. Nennen Sie je 5 harte Standortfaktoren und 5 weiche Standortfaktoren.

Aufgabe 2
Das Magische Viereck (Stabilitäts- und Wachstumsgesetz von 1967) nennt 4 wirtschaftspolitische Ziele.

a) Welche Ziele gehören zum magischen Viereck? Welche 2 Ziele sind später noch hinzugekommen (magisches Sechseck)?

b) Wie lässt sich das Erreichen der Ziele des magischen Vierecks messen?

c) Was ist unter Zielharmonie / Zielkonflikt zu verstehen? Geben Sie je ein Beispiel.

d) Wie wird die Inflationsrate in Deutschland gemessen?

Aufgabe 3
Das Alpenhotel in Murnau plant eine große Investition in seinem Wellnessbereich. Bei der Entscheidungsfindung soll auch die wirtschaftliche Entwicklung im Land berücksichtigt werden.

a) Nennen Sie die 4 Konjunkturphasen.

b) Welche Auswirkung hat eine sinkende Konjunktur auf den Arbeitsmarkt?

c) Während einer Konjunkturphase ist die Arbeitslosenquote hoch, die Aktienkurse niedrig und es wird fast nicht investiert. Auf welche Phase deuten diese Kennzeichen hin?

d) In den Nachrichten erfahren Sie, dass die europäische Zentralbank den Leitzins gesenkt hat. Welche Auswirkungen hat die Zinssenkung auf die Geschäftsbanken?

e) Wie wirkt sich die Leitzinssenkung auf den Investitionskredit für den geplanten Wellnessbereich aus?

f) Das Alpenhotel hat die Einnahmen aus der Hochsaison auf einem Tagesgeldkonto geparkt. Wie wirkt sich hier die Senkung des Leitzinssatzes auf die Guthabenverzinsung aus?

Lösungen zu Aufgabenblock B

Aufgabe 1:

a) Bruttoinlandsprodukt: Gesamtwert aller Güter und Dienstleistungen, die innerhalb eines Jahres innerhalb der Landesgrenzen einer Volkswirtschaft erzeugt worden sind.

Bruttonationaleinkommen: Summe der innerhalb eines Jahres von allen Bewohnern eines Staates (Inländern) erwirtschafteten Einkommen, unabhängig davon, ob diese im Inland oder im Ausland erzielt wurden.

b) Bei der realen Wachstumsrate des Bruttoinlandsprodukts wird die nominale Wachstumsrate um die Preissteigerungsrate (Inflation) bereinigt.

c)

Harte Standortfaktoren	Weiche Standortfaktoren
Lage	Image der Stadt / Region
Größe des Einzugsgebietes	Wirtschaftsklima der Region
Kaufkraft in der Stadt / Region	Kooperationsbereitschaft der Behörden (Bürokratie)
Bevölkerungsentwicklung	Kooperationsmöglichkeiten, z. B. durch unterstützende Branchen
Mitbewerber	Lebensqualität der Mitarbeiter/-innen (gute Wohnungen, Schulen, Umwelt, Freizeitmöglichkeiten, medizinischen Versorgung, …)
Höhe der Mietkosten / Kaufkosten	

Aufgabe 2:

a) Zum Stabilitäts- und Wachstumsgesetz von 1967 gehören:

✓ Hoher Beschäftigungsstand
✓ Preisniveaustabilität
✓ Außenwirtschaftliches Gleichgewicht
✓ Stetiges und angemessenes Wirtschaftswachstum

Hinzugekommen sind später noch:
✓ Gerechte Einkommensverteilung
✓ Verbesserung der Umweltbedingungen

b)

Wirtschaftspolitische Ziele	**Messbarkeit**
Hoher Beschäftigungsstand	Arbeitslosenquote
Preisniveaustabilität	Inflationsrate
Außenwirtschaftliches Gleichgewicht	Außenbeitragsquote
Stetiges und angemessenes Wirtschaftswachstum	Zunahme des realen Bruttoinlandprodukts (BIP) / Bruttonationaleinkommens

c) Einige Ziele im magischen Viereck lassen sich zusammen verwirklichen = Zielharmonie
Beispiel: Wirtschaftswachstum und hohes Beschäftigungsniveau

Andere Ziele lassen sich zusammen nicht oder nur schwer verwirklichen = Zielkonflikt
Beispiel: Wirtschaftswachstum und Preisstabilität

d) Die Inflationsrate wird gemessen durch die jährliche Preisänderungen von Gütern und Dienstleistungen in dafür festgelegten Warenkörben.

Aufgabe 3:

a)

Hochkonjunktur (Boom)	Rezession (Abschwung)	Depression (Konjunkturtief)	Expansion (Aufschwung)

b) Die Zahl der Arbeitslosen steigt.

c) Die Kennzeichen sprechen für eine Depression (Tiefstand der Konjunktur).

d) Die Leitzins legt fest, zu welchem Zinssatz sich eine Bank bei der Zentralbank Geld leihen kann. Der Leitzins gilt auch für Kredite, die sich Banken untereinander geben. Durch eine Leitzinssenkung bezahlen Banken somit weniger Zinsen bei der Zentralbank oder anderen Banken.

e) Wenn die Geschäftsbank die gesunkenen Refinanzierungskosten weitergibt, sollten die Zinsen für den Investitionskredit sinken.

f) Die Guthabenzinsen auf das Tagesgeldkonto werden sinken. Die Bank gibt die Leitzinssenkung weiter, um ihre eigene Zinsmarge zu erhalten. So kann es sogar zu Negativzinsen für das Hotel kommen.

C. Wirtschaftspolitische Maßnahmen und Außenwirtschaft

Aufgabe 1
Was ist Inflation? Nennen Sie 4 Folgen einer Inflation.

Aufgabe 2
Auf welchen Zustand weisen folgende Kurzbeschreibungen / Symptome einer Volkswirtschaft hin?

a) Signifikanter und anhaltender Rückgang des Preisniveaus für Waren und Dienstleistungen.

b) Gleichzeitiges Auftreten von wirtschaftlicher Stagnation und Inflation in einer Volkswirtschaft.

Aufgabe 3
Sie werden beauftragt, die volkswirtschaftliche Entwicklung zu beobachten.

a) Was sind Frühindikatoren?

b) Die Arbeitslosenzahlen haben sich erhöht. Um welche Art von Indikator handelt es sich?

Aufgabe 4
Die Europäische Zentralbank (EZB) hat ihren Sitz in Frankfurt.

a) Nennen Sie 3 grundlegende Aufgaben der EZB.

b) Welche Auswirkungen hat eine Ausweitung der Geldmenge durch die EZB für Banken und Verbraucher?

c) Was sind Offenmarktgeschäfte?

d) Erklären Sie den Begriff Mindestreserven.

e) Wozu würde eine Erhöhung der Mindestreserven bei Banken führen?

f) Wie wirkt sich eine expansive Geldpolitik auf die Staaten der EU aus?

Aufgabe 5
Der Staat hat mit der Arbeitsmarktpolitik die Möglichkeit in das Geschehen am Arbeitsmarkt einzugreifen.

a) Unterscheiden Sie saisonale Arbeitslosigkeit und strukturelle Arbeitslosigkeit.

b) Nennen Sie 3 Maßnahmen der Arbeitsmarktpolitik.

c) Was bedeutet der Begriff „Tarifautonomie“?

Aufgabe 6
Was ist unter dem Europäischen Binnenmarkt zu verstehen? Nennen Sie die 4 Grundfreiheiten.

Aufgabe 7
Der Euro wird gegenüber dem US Dollar aufgewertet. Die Preise werden entsprechend der Wechselkurse angepasst. Welche Folgen hat das auf die Preise für deutsche Waren in den USA und amerikanische Waren in Deutschland?

Lösungen zu Aufgabenblock C

Aufgabe 1: Inflation bezeichnet eine anhaltende Erhöhung des Preisniveaus von Gütern und Dienstleistungen (Teuerung). Die Kaufkraft des Geldes sinkt somit.

Folgen:
- Flucht in Sachwerte (z. B. in Gold, Immobilien).
- Vertrauensverlust in die Währung.
- Sparguthaben werden reduziert.
- Kosten für Preisanpassungen.

Aufgabe 2:

a) Signifikanter und anhaltender Rückgang des Preisniveaus für Waren und Dienstleistungen = **Deflation**

b) Gleichzeitiges Auftreten von wirtschaftlicher Stagnation und Inflation in einer Volkswirtschaft = **Stagflation**

Aufgabe 3:

a) Frühindikatoren geben Hinweise auf die zukünftige Entwicklung der Wirtschaftslage. Beispiele: Steigende Zimmerreservierungen, erhöhte Auftragseingänge bei Unternehmen.

b) Es handelt sich um einen Spätindikator, der anzeigt, wie sich die Wirtschaft in der Vergangenheit entwickelt hat.

Aufgabe 4:

a)

Festlegung und Durchführung der Geldpolitik.
Durchführung von Devisengeschäften.
Verwaltung der offiziellen Währungsreserven der Mitgliedstaaten.
Versorgung der Volkswirtschaft mit Geld, insbesondere die Förderung eines reibungslosen Zahlungsverkehrs.

b)

✓ Die Liquidität der Banken wird erhöht.
✓ Durch gesunkene Zinsen erfolgt eine höhere Kreditaufnahme durch Unternehmen und Haushalte.
✓ Steigerung von Investitionen.
✓ Verstärkung der Nachfrage / Konjunktur.
✓ Gefahr von steigender Inflation / Geldentwertung.

c) Offenmarktgeschäfte sind ein wichtiges Instrument der EZB. Sie kauft und verkauft Wertpapiere von und an Geschäftsbanken. So wird die Liquidität des Bankensystems gesteuert.

d) Mindestreserven sind Pflichtguthaben, die Kreditinstitute kraft Gesetz bei ihrer Zentralbank hinterlegen müssen.

e) Eine Erhöhung der Mindestreserve würde zu einer Senkung der Kreditmöglichkeiten bei Banken führen und somit zu einer Verteuerung von Krediten.

f) Durch die expansive Geldpolitik sinkt der Zinssatz, zu dem Staaten sich verschulden können. Dadurch werden die Staatshaushalte entlastet, da sie weniger Zinsen zahlen müssen. Es kann dazu führen, dass immer mehr Schulden aufgenommen werden.

Aufgabe 5:
a) Die saisonale Arbeitslosigkeit ist jahreszeitlich bedingt, z. B. Sommersaison an der Nord- und Ostsee, Wintersaison in den Skigebieten. Im Winter können die Hotels keine Beschäftigung bieten.

Strukturelle Arbeitslosigkeit entsteht, wenn Bereiche (Branchen) der Wirtschaft dauerhaft an Stellenwert verlieren und Arbeitsplätze abbauen und keine neuen Betriebe im gleichen Maße in der Region entstehen (z. B. Bergbau, Stahlproduktion im Ruhrgebiet). Es ist in der Regel ein längerer Anpassungsprozess erforderlich.

b)

Vermittlung und Beratung	Berufliche Weiterbildung	Lohnkostenzuschüsse
Unterstützung bei Berufswahl	Umschulung	Wiedereingliederungsmaßnahmen

c) Unter Tarifautonomie versteht man das Recht der Gewerkschaften und der Arbeitgeberverbände, Löhne, Gehälter und andere Arbeitsbedingungen selbstständig und unabhängig zu regeln - ohne staatliche Einflussnahme. Die Tarifautonomie ist durch das Grundgesetz (Artikel 9, Abs. 3) geschützt.

Aufgabe 6: Der Europäische Binnenmarkt ist der gemeinsame Binnenmarkt der Mitgliedstaaten der Europäischen Union, der unter diesem Namen offiziell seit dem 1. Januar 1993 existiert.

Die vier Grundfreiheiten:
Freier Warenverkehr
Personenfreizügigkeit
Dienstleistungsfreiheit
Freier Kapital- und Zahlungsverkehr

Aufgabe 7: Die Preise für deutsche Waren werden in den USA steigen. Amerikanische Waren werden in Deutschland billiger.

D. Betriebliche Funktionen und deren Zusammenwirken

Aufgabe 1
Betriebliche Funktionen sind die mit einem einheitlichen und abgegrenzten Aufgabengebiet betrauten Organisationseinheiten in einem Unternehmen.

a) Was sind primäre Funktionen? Nennen Sie 3 Beispiele.

b) Was sind sekundäre Funktionen? Nennen Sie wiederum 3 Beispiele.

Aufgabe 2
Die Hotelkette Sonnenstrand AG mit Hauptsitz in Berlin ist in den letzten Jahren stark gewachsen. Jetzt soll ein Organigramm erstellt werden.

a) Was ist unter einem Organigramm zu verstehen?

b) Nennen Sie je 3 Vorteile und 3 Nachteile eines Organigramms.

c) Herr Kümmel hat eine Stabsstelle. Was bedeutet der Begriff „Stabsstelle"?

d) Was ist das wesentliche Merkmal vom „Einliniensystem" in der Organisation?

Aufgabe 3
Die Atlas Hotel GmbH & Co. KG überlegt, in Hamburg ein weiteres Hotel mit dem Schwerpunkt auf Tagungen und Konferenzen zu eröffnen. Sie möchte dafür Marktforschung betreiben.

a) Erklären Sie die Begriffe „Sekundärforschung" und „Primärforschung".

b) Welche Gefahren können bei der Aufstellung einer Marktprognose entstehen?

c) Nennen Sie vier Hauptbestandteile des „Marketing-Mix".

d) Parallel zur Eröffnung und Betrieb des neuen Hotels soll eine Abteilung für Controlling installiert werden. Was ist allgemein unter Controlling zu verstehen?

e) Eine Aufgabe des Controllings ist, die Liquidität der Atlas Hotel GmbH & Co. KG zu sichern. Was ist darunter zu verstehen?

Aufgabe 4
Die Einkaufskosten für eine Produktgruppe sind in der letzten Zeit stark gestiegen.

a) Wie können Sie Informationen über andere Lieferanten bekommen? Unterscheiden Sie dabei zwischen internen und externen Informationsquellen.

b) Nennen Sie Kriterien zur Beurteilung der Informationsquellen.

Aufgabe 5
Unterscheiden Sie Eigen- und Fremdfinanzierung. Welche Vorteile hat die Eigenfinanzierung?

Lösungen zu Aufgabenblock D

Aufgabe 1:

a) Primäre Funktionen sind direkt an der Leistungserstellung beteiligt.
Beispiele: Beschaffung, Produktion, Absatz/Marketing, Logistik

b) Sekundäre Funktionen sind (nur) indirekt an der Leistungserstellung beteiligt.
Beispiele: Rechnungswesen, Controlling, Personalwesen

Aufgabe 2:

a) Das **Organigramm** (zusammengesetzt aus Organisation und Diagramm) ist eine grafische Darstellung der Aufbauorganisation eines Unternehmens, welches die organisatorischen Einheiten, Aufgabenverteilung und Kommunikationsbeziehungen offenlegt. Damit werden die Leitungsbeziehungen zwischen den einzelnen Organisationseinheiten in übersichtlicher Form abgebildet.

b)

Vorteile	Nachteile
Übersichtliche Darstellung der Strukturen.	Zuständigkeiten werden vereinfacht dargestellt.
Festlegung von Zuständigkeiten.	Aktualität ist nicht immer gewährleistet.
Leicht zu verstehen.	Darstellung der Organisationsstruktur kann Probleme bereiten.

c) Eine Stabsstelle ist eine nicht weisungsbefugte Stelle, die meist von Experten besetzt wird. Sie bereitet Entscheidungen vor, die dann von Führungskräften getroffen werden.

d) Beim Einliniensystem gibt es für jede Stelle nur eine übergeordnete Stelle, die Weisungen erteilen darf.

Aufgabe 3:

a) Sekundärforschung ist die Beschaffung, Verarbeitung und Auswertung von bereits existierendem Datenmaterial.

Primärforschung ist die Beschaffung, Verarbeitung und Auswertung noch nicht erfasster Daten.

b) Einflussfaktoren können falsch eingeschätzt werden. Die Prognose ist unsicher, da die Entwicklung in der Zukunft nur geschätzt werden kann. Somit besteht die Gefahr von Fehlinvestitionen.

c)

- Produktpolitik (Produktgestaltung, Produktvariationen, ...)
- Preis- und Konditionenpolitik (Preisfestsetzung, Preisdifferenzierung, ...)
- Distributions- und Vertriebspolitik (direkter Absatz, indirekter Absatz, ...)
- Kommunikationspolitik (Wirtschaftlichkeit, Klarheit, Wahrheit, ...)

d) Controlling liefert wichtige Informationen zur Planung, Steuerung und Kontrolle eines Unternehmens. So können die richtigen Entscheidungen getroffen werden.

e) Das Unternehmer muss **jederzeit ausreichend Kapital** zur Verfügung haben, um z. B. fällige Rechnungen, Löhne und Gehälter zu zahlen. Ist dieses nicht der Fall, kann das Unternehmen in der Existenz gefährdet werden.

Aufgabe 4:

a)

Interne Informationsquellen	Externe Informationsquellen
Lieferantenkartei / Artikelkartei	Elektronische Marktplätze
Außendienstberichte	Internetrecherche mit Suchmaschinen
Recherche in vorliegenden Dokumenten (z. B. Rechnungen, Bestellungen, Listen)	Online-Datenbanken externer Anbieter
Recherche im firmeninternen Intranet	Lieferantenbesuche und -befragung
	Messebesuche und Informationsreisen
	Fachzeitungen und Fachzeitschriften

b)

Aktualität	Objektivität	Verfügbarkeit
Urheberrecht	Sachliche Richtigkeit	Datenschutz

Aufgabe 5:

Bei der **Eigenfinanzierung** stammt das Kapital vom Eigentümer z. B. vom Unternehmer oder Gesellschafter. Bei einer **Fremdfinanzierung** kommt das Kapital von Außenstehenden, z. B. Banken.

Vorteile der Eigenfinanzierung:
✓ Keine Belastung durch Zins und Tilgung.
✓ Kapital steht langfristig zur Verfügung.
✓ Höhere Kreditwürdigkeit durch hohes Eigenkapital.
✓ Höhere Sicherheit.

E. Existenzgründung und Unternehmensrechtsformen

Aufgabe 1
Jonas Keller hat eine Ausbildung als Hotelfachmann in einem privat geführten 4**** Hotel erfolgreich abgeschlossen. Nach mehreren Jahren Berufserfahrung erfolgte der Aufstieg in einem weiteren Hotel zum Abteilungsleiter. Jetzt möchte er sich selbstständig machen.

a) Über welche Voraussetzungen sollte ein Unternehmensgründer allgemein verfügen? Unterscheiden Sie in persönliche und fachliche Voraussetzungen.

b) Jonas Keller überlegt, ob seine Selbstständigkeit auf Franchisebasis erfolgen soll. Nennen Sie 5 wesentliche Merkmale eines Franchise-Systems.

c) Welche Vorteile hat der Franchisenehmer?

d) Es kommt auch die Übernahme einer bestehenden Firma in Frage. Nennen Sie je 4 Vorteile und Nachteile, die bei einer Übernahme auftreten können.

e) Jonas Keller ist sich mit Claus Walter einig und möchte dessen Betrieb übernehmen.
Er möchte nur 6 der 10 fest angestellten Mitarbeiter übernehmen. Wie ist die Rechtslage?

Aufgabe 2
Ben Kramer hat den Erwerb eines Hotels in zentraler Lage ins Auge gefasst. Bei seiner Hausbank soll ein Businessplan vorgelegt werden.

a) Was ist unter einem Businessplan zu verstehen?

b) Nennen Sie 6 mögliche Bestandteile eines Businessplans mit einer kurzen Beschreibung.

Aufgabe 3
Peter Porti, Harald Hase und Susi Sesselmann wollen eine Firma gründen. Peter Porti und Harald Hase sollen voll haften. Susi Sesselmann haftet nur mit ihrer Einlage.

a) Welche Gesellschaftsform wäre geeignet, damit Frau Sesselmann nur mit ihrer Einlage haftet?

b) Nennen Sie 3 Personengesellschaftsformen und 3 Kapitalgesellschaftsformen.
Wer führt jeweils die Geschäfte?

c) Was unterscheidet die Genossenschaft e. G. von anderen Unternehmensformen?

d) Nennen Sie 5 Kennzeichen einer Gesellschaft mit beschränkter Haftung.

Aufgabe 4
Ordnen Sie anhand der Beschreibung die Gesellschaftsform zu.
Zur Wahl stehen: AG, OHG, GbR, KG, e. G., GmbH

Beschreibung	Gesellschaftsform
Betrieb eines Handelsgewerbes durch mehrere Personen bei unbeschränkter Haftung.	
Komplementär haftet mit Privatvermögen, Kommanditist nur mit seiner Einlage.	
Haftungsbeschränkung auf das Stammkapital. Leitung durch Geschäftsführung.	
Die Gesellschaftsform ist für größere Firmen gut geeignet. Firmenanteile werden über die Börse verkauft.	

Lösungen zu Aufgabenblock E

Aufgabe 1:

a)

Persönliche Voraussetzungen	Fachliche Voraussetzungen
Körperliche und psychische Belastbarkeit	Branchenkenntnisse
Eignung als Unternehmer z. B. kontaktfreudig, risikobereit, aufgeschlossen	Berufserfahrung / Qualifikation, z. B. Meisterbrief, Studium
Fähigkeit zur Selbstmotivation	Betriebswirtschaftliche Kompetenzen
Ausdauer	Produktkenntnisse
Finanzielle Rücklagen, vor allem für die Anfangszeit	Marketingkenntnisse

b)

- Franchisegeber und Franchisenehmer arbeiten auf eigene Rechnung und auf eigene Gefahr.
- Es gibt ein erprobtes Konzept.
- Der Marktauftritt ist einheitlich (sowohl bei Eigenbetrieben als auch bei Franchisebetrieben).
- Der Franchisegeber stellt sein „Know-how“ zur Verfügung.
- Der Franchisegeber hat das Recht, die Einhaltung der Standards zu kontrollieren.

c)

Minderung des unternehmerischen Risikos durch ein bewährtes Konzept.

Nutzung der Vorteile eines größeren Unternehmens (Werbung, PR, Aktionen, ...).

Kontrolle des Systems auf Wirtschaftlichkeit, evtl. Hilfestellung.

Fortbildung und Mitarbeiterschulung. Mitwirkung in Arbeitskreisen / Kommissionen.

Entlastung von administrativen Arbeiten, z. B. Einkauf, Abrechnungen, Buchführung.

Günstige Preise durch Zentraleinkauf.

d)

Mögliche Vorteile Firmenübernahme	Mögliche Nachteile Firmenübernahme
Produkte und Dienstleistungen sind am Markt erprobt.	Meinungsverschiedenheiten mit vorherigem Eigentümer.
Übernahme von Kunden.	Umgang mit übernommenen Mitarbeitern.
Einfachere Finanzierung.	Kunden sind an Geschäftsgebaren des alten Inhabers gewöhnt.
Fachkundige Mitarbeiter/-innen vorhanden, Personalsuche entfällt somit.	Veraltete Strukturen und Unternehmensprozesse.
Expertenrat vom vorherigen Eigentümer.	Überhöhter Kaufpreis möglich.
Schleppende Startphase wird vermieden.	Investitionsstau

e) Nach § 613 a des Bürgerlichen Gesetzbuchs (BGB) tritt der Käufer beim Erwerb eines Unternehmens grundsätzlich in die Rechte und Pflichten aus Arbeitsverhältnissen ein, die zum Zeitpunkt des Betriebsübergangs bestehen. Er wird in diesem Fall neuer Arbeitgeber aller 10 Arbeitnehmer.

Aufgabe 2:

a) Der Businessplan (Geschäftsplan) ist die schriftliche Ausarbeitung einer Geschäftsidee. Er nennt die geplanten Strategien und Maßnahmen zur Erreichung der unternehmerischen Ziele. Es werden auch Risiken und Hindernisse aufgezeigt, sowie dazu passende Lösungsvorschläge.

b)

Bestandteile	**Kurze Beschreibung**
Zusammenfassung	Die wichtigsten Punkte der Geschäftsidee.
Produkt- und Unternehmensidee	Vorstellung der Idee, Kundennutzen und Vorteile gegenüber den Mitbewerbern.
Gründer	Vorstellung des Gründers inkl. Qualifikationen.
Markt und Wettbewerb	Markt- und Branchendaten
Marketing und Vertrieb	Markteintrittsstrategie und Marketingstrategien, konkrete Werbemaßnahmen.
Unternehmensform	Begründung der Wahl der Unternehmensform.
Finanzplanung	Planung von Kapitalbedarf, Liquidität, Umsätzen, Gewinn, …
Chancen und Risiken	Aufzeichnung von Risiken und Alternativmöglichkeiten.

Aufgabe 3:

a) Eine Kommanditgesellschaft (KG) wäre geeignet. Peter Porti und Harald Hase haften als Komplementäre voll. Susi Sesselmann haftet als Kommanditistin nur mit ihrer Einlage.

b)

Personengesellschaften	**Geschäftsführung**
Offene Handelsgesellschaft (OHG)	Jeder Gesellschafter einzeln, bei außergewöhnlichen Geschäften zusammen.
Kommanditgesellschaft (KG)	Komplementär
Gesellschaft bürgerlichen Rechts (GBR)	Alle Gesellschafter zusammen.
Partnerschaftsgesellschaft (für freie Berufe)	Jeder Partner einzeln.
Kapitalgesellschaften	**Geschäftsführung**
Gesellschaft mit beschränkter Haftung (GmbH)	Geschäftsführer
Aktiengesellschaft (AG)	Vorstand
Unternehmensgesellschaft (haftungsbeschränkt) – (UG)	Geschäftsführer

c) Bei der eingetragenen Genossenschaft stehen die Mitglieder und deren Interessen im Mittelpunkt. Der Zweck der Genossenschaft ist auf den langfristigen gemeinsamen Erfolg und Nutzen ausgerichtet, nicht auf Gewinnmaximierung.

d)

- Das Stammkapital beträgt mindestens 25.000 €.
- Mindestens eine Person ist erforderlich.
- Die Gründung wird ins Handelsregister eingetragen (Juristische Person).
- Zusatz in der Firma „GmbH“.
- Es wird nur mit dem Stammkapital gehaftet.

Aufgabe 4:

Beschreibung	**Gesellschaftsform**
Betrieb eines Handelsgewerbes durch mehrere Personen bei unbeschränkter Haftung.	OHG Offene Handelsgesellschaft
Komplementär haftet mit Privatvermögen, Kommanditist nur mit seiner Einlage	KG Kommanditgesellschaft
Haftungsbeschränkung auf das Stammkapital. Leitung durch Geschäftsführung.	GmbH Gesellschaft mit beschränkter Haftung
Die Gesellschaftsform ist für größere Firmen gut geeignet. Firmenanteile werden über die Börse verkauft.	AG Aktiengesellschaft

F. Unternehmenszusammenschlüsse

Aufgabe 1
Ronald Mohn ist Eigentümer von 6 Kaufhäusern mit Schnellrestaurant an verschiedenen Orten. Er hat seinem langjährigen Mitarbeiter Peter Portelmann Prokura erteilt.

a) Welche Geschäfte darf Peter Portelmann für das Unternehmen abwickeln?

b) Welche Geschäfte darf Peter Portelmann nicht tätigen? Nennen Sie hierzu 4 Beispiele.

c) Was ist eine „Gemischte Prokura / Unechte Prokura"?

Aufgabe 2
Stefan Riesling betreibt seit 5 Jahren in Bonn 2 Feinkostgeschäfte mit Weinhandel. Er wird von einem Kollegen, der in Köln einen Weinhandel führt, angesprochen, ob er an einer Zusammenarbeit interessiert sei. Die beiden Geschäftsleute hatten sich schon mehrmals auf Fachmessen getroffen.

a) Welche Vorteile könnten durch eine Zusammenarbeit entstehen?

b) Sie entscheiden sich, mit einem gemeinsamen Einkauf zu starten. Wie wird diese Art von Kooperation genannt?

c) Stefan Riesling überlegt, die Kooperation um andere Kollegen zu erweitern. Wo könnte er passende Kollegen finden, die dafür in Frage kommen?

d) Was ist unter einem Konglomerat zu verstehen?

Aufgabe 3
Was ist unter einer vertikalen Kooperation zu verstehen? Nennen Sie 2 Beispiele.

Aufgabe 4
Das familiär geführte 3*** Hotel Imperial in Berlin mit 35 Zimmern überlegt, sich einem größeren Online-Buchungsportal anzuschließen. Nennen Sie 3 Vorteile und 3 Nachteile, die durch eine solche Kooperation entstehen können.

Aufgabe 5
Der Direktor des 4*** Hotel Rheinufer überlegt, seinen Kollegen vom Nachbarhotel Rheinblick anzusprechen, um über gemeinsame Werbemaßnahmen bis zu einer gemeinsamen Preispolitik zu sprechen. Beide Hotels sind eher klein und wollen sich so besser gegen die größeren Hotels in der Region behaupten.

a) Wann wird im Allgemeinen davon ausgegangen, dass ein Kartell vorliegt?

b) Beurteilen Sie, ob die Absprache des Hotels Rheinufer mit dem Hotel Rheinblick ein Verstoß gegen das Kartellrecht bedeutet.

c) Nennen Sie 3 verbotene Kartellarten mit einer kurzen Beschreibung.

d) Wer überwacht in Deutschland die Wettbewerbspolitik?

Aufgabe 6
Nennen Sie 5 Ziele, die mit einer Unternehmenskonzentration erreicht werden sollen.

Aufgabe 7
Unterscheiden Sie Konzern und Trust.

Lösungen zu Aufgabenblock F

Aufgabe 1:

a) Er darf alle Geschäfte tätigen, die ein Handelsgewerbe mit sich bringt.

b) Er darf folgende Geschäfte nicht tätigen:

Geschäfte, die darauf ausgerichtet sind, den Betrieb aufzulösen.
Unterzeichnung des Jahresabschlusses.
Prokura erteilen und Handelsregistereintragungen beantragen.
Eid für den Kaufmann leisten.
Steuererklärungen für den Kaufmann unterzeichnen.
Grundstücke veräußern oder belasten. Insolvenz beantragen.

c) Der Prokurist ist nur zusammen mit einem geschäftsführenden Gesellschafter oder einem Vorstandsmitglied zeichnungsberechtigt.

Aufgabe 2:

a)

Austausch von Erfahrung und Wissen.
Günstigere Einkaufspreise durch höhere Bestellmengen.
Kostensenkung in der Verwaltung, durch z. B. nur noch eine Einkaufsabteilung.
Gemeinsame Werbung.
Vereinfachte Planung und Organisation durch Teilung von Aufgaben.
Reduzierung / Verteilung von Kosten für Marktforschung, Lagerhaltung, Social Media, …

b) Horizontale Kooperation

c)

✓ Kooperationsbörsen und Veranstaltungen der Industrie- und Handelskammern
✓ Messen / Fachmessen
✓ Firmeninformationssysteme der Kammern
✓ Anzeigen in Fachzeitschriften
✓ Plattformen im Internet

d) Ein Konglomerat ist eine Firmenstruktur von verschiedenen Betrieben, die in verschiedenen Branchen tätig sind.

Aufgabe 3: Bei der vertikalen Kooperation schließen sich zwei Unternehmen zusammen, die auf unterschiedlichen Stufen der Wertschöpfungskette stehen.

Beispiele:
✓ Kooperation zwischen Hotel und Lieferant oder einem landwirtschaftlichen Betrieb.
✓ Kooperation zwischen einem Hotel und einem Buchungsportal.

Aufgabe 4:

Vorteile
Der Bekanntheitsgrad des Hotels wird gesteigert.
Spontane Buchungen und gute Vermarktung von Last Minute Angeboten möglich.
Gute Bewertungen sind für den Nutzer sichtbar und können den Umsatz steigern.
Reisende aus dem Ausland werden auf das Hotel aufmerksam.
Nachteile
Es sind teilweise recht hohe Provisionen an das Online-Buchungsportal zu zahlen.
Der Kunde kann die Preise umfangreich vergleichen. Das kann zu Preissenkungen führen, um konkurrenzfähig zu bleiben.
Es kann eine Abhängigkeit vom Online-Buchungsportal entstehen.
Schlechte Bewertungen sind für den Nutzer gut sichtbar.

Aufgabe 5:

a) Ein Kartell liegt vor, wenn die Zusammenarbeit rechtlich selbstständiger Unternehmen zu Einschränkungen des Wettbewerbs führt. Dies führt zu Nachteilen des Verbrauchers.

b) Kleinen und mittleren Unternehmen ist es erlaubt sich zusammenzuschließen, damit sie sich im Wettbewerb mit größeren Unternehmen behaupten können.

c)

Kartell	**Beschreibung**
Preiskartell	Es wird ein einheitlicher Preis festgelegt, der nicht unterschritten wird.
Gebietskartell	Die Kartellmitglieder teilen die Absatzgebiete auf.
Submissionskartell	Die Kartellmitglieder verhindern ein Unterbieten bei öffentlichen Ausschreibungen. Es wird festgelegt, wer den öffentlichen Auftrag erhält.
Rabattkartell	Höhe von Preisnachlässen (Rabatte) wird abgesprochen.
Importkartell	Ausländische Mitbewerber werden gemeinsam abgewehrt.

d) Die Wettbewerbspolitik wird vom Bundeskartellamt überwacht.

Aufgabe 6:

✓ Kostenersparnis durch Zusammenlegung verschiedener Abteilung, z. B. Forschung und Entwicklung, Einkauf.
✓ Günstige Produktion durch größere Mengen.
✓ Streuung des Risikos durch verschiedene Standbeine (Diversifikation).
✓ Besserer Zugang zu Krediten und Finanzierungsmitteln.
✓ Besserer Schutz bei Konjunkturschwankungen.

Aufgabe 7:

Ein **Konzern** ist ein Zusammenschluss von Unternehmen unter einer wirtschaftlichen Leitung (Konzernmutter). Die beteiligten Unternehmen (Konzerntöchter) bleiben rechtlich selbstständig.

Bei einem **Trust** geben die Unternehmen nicht nur ihre wirtschaftliche Selbstständigkeit auf, sondern auch ihre rechtliche Selbstständigkeit.

II. Rechnungswesen

A. Grundlagen des Rechnungswesens

Aufgabe 1
Die Pflicht zur Buchführung wird durch Gesetze, Verordnungen und Rechtsprechung bestimmt.

a) Was ist unter „Grundsätze ordnungsgemäßer Buchführung" allgemein zu verstehen?

b) Nennen Sie 6 Grundsätze ordnungsgemäßer Buchführung.

c) Wie lange sind Buchungsbelege und Jahresabschlüsse aufzubewahren?

Aufgabe 2
Unterscheiden Sie Finanzbuchhaltung und Kosten- und Leistungsrechnung.

Aufgabe 3
Was ist unter Planungsrechnung zu verstehen? Nennen Sie Beispiele.

Aufgabe 4
Das Hotel Sonnenschein in Leipzig hat sich einen neuen Transporter gekauft, um sein Außer-Haus-Geschäft aufzubauen. Der Listenpreis beträgt 26.500,00 €. Es fallen zusätzlich Überführungskosten von 600,00 € und Zulassungskosten von 102,50 € an. Für besondere Regale im Innenraum werden 395,30 € in Rechnung gestellt. Als neuer Kunde erhält das Hotel vom Autohaus einen Rabatt von 10 % auf den Listenpreis. Alle angegebenen Preise sind Nettopreise.

a) Was ist allgemein unter Anschaffungskosten zu verstehen?

b) Berechnen Sie die Anschaffungskosten.

c) Zusätzlich sind mit der Inbetriebnahme des Transporters folgende Kosten angefallen: 680,00 € Kfz-Steuer, 1250,00 € Kfz-Versicherung, Benzinkosten 75,00 €. Wie wirken sich diese Kosten auf die Anschaffungskosten aus?

d) Wie wird der Wertverlust des Transporters im Laufe der Zeit erfasst und wie ist die Auswirkung auf den Gewinn vom Hotel Sonnenschein?

e) Was ist unter Herstellungskosten zu verstehen? Nennen Sie 4 Kosten, die berücksichtigt werden.

Aufgabe 5
Das Hotel Bergblick im Harz hat nur noch ca. 5000 Liter Heizöl im Heizöltank und kauft Mitte November 15.000 Liter zum Preis von 55,18 € pro 100 Liter.

a) Vor dem Bilanzstichtag beträgt der Preis 51,87 € pro 100 Liter. Mit welchem Wert ist das Heizöl anzusetzen? Es sind noch 15.000 Liter im Tank.

b) Nehmen wir an, der Heizölpreis wäre auf 61,29 € pro 100 Liter gestiegen. Wie wäre in diesem Fall der anzusetzende Wert zum Bilanzstichtag?

c) Ordnen Sie die gegebenen Aussagen den Bewertungsprinzipien entsprechend zu.

1. Nicht realisierte Gewinne und Verluste werden unterschiedliche behandelt.	a) Gemildertes Niederstwertprinzip
2. Der niedrigere Kurs am Bilanzstichtag muss gewählt werden.	b) Vorsichtsprinzip
3. Der niedrigere Kurs am Bilanzstichtag kann gewählt werden.	c) Imparitätsprinzip
4. Grundsatz, wonach bei der Bilanzierung alle Risiken und Verluste angemessen zu berücksichtigen sind.	d) Strenges Niederstwertprinzip

Lösungen zu Aufgabenblock A

Aufgabe 1:

a) Die Grundsätze ordnungsmäßiger Buchführung (GoB) sind teils geschriebene, teils ungeschriebene Regeln zur Buchführung und Bilanzierung, die sich vor allem aus Wissenschaft und Praxis, der Rechtsprechung sowie Empfehlungen von Wirtschaftsverbänden ergeben. Ihre Aufgabe ist es, Gläubiger und Unternehmenseigner vor unkorrekten Daten, Informationen und möglichen Verlusten weitestgehend zu schützen.

b)

Grundsatz der Übersichtlichkeit (Klarheit und Nachprüfbarkeit)
Ein sachverständiger Dritter muss sich in der Buchführung in angemessener Zeit zurechtfinden und sich einen Überblick über die Geschäftsvorfälle und die Vermögenslage des Unternehmens verschaffen können.

Grundsatz der Vollständigkeit
Alle erforderlichen Aufzeichnungen müssen vollständig, zeitgerecht und geordnet vorgenommen werden.

Richtigkeit

Keine Buchung ohne Beleg (Belegprinzip)
Belege müssen sachlich und rechnerisch richtig sein.

Grundsatz der Einzelbewertung
Vermögensgegenstände müssen - bis auf Ausnahmen - einzeln bewertet werden.

Grundsatz der Ordnungsmäßigkeit
Die Verbuchung der Geschäftsvorfälle muss chronologisch und auch zeitnah erfolgen.

Grundsatz der Sicherheit
Die Aufzeichnungen sind zu schützen und die Aufbewahrungspflicht muss eingehalten werden.

c) Die Aufbewahrungspflicht beträgt 10 Jahre.

Aufgabe 2:

Die Finanzbuchhaltung stellt die wirtschaftliche Situation eines Unternehmens dar. Es werden Aufwand und Ertrag dokumentiert. Die Finanzbuchführung ist die Grundlage für die Steuererklärung. Es gelten umfangreiche gesetzliche Vorschriften.

Die Kosten- und Leistungsrechnung errechnet die aufgewendeten Kosten und den Erlös. So wird z. B. festgestellt, ob Investitionen wirtschaftlich sind. Kalkulation, Kontrolle und Planung sind Teilbereiche.

Aufgabe 3: Die Planungsrechnung soll Entscheidungen fundiert vorbereiten. Dazu werden Daten der Finanzbuchhaltung, Kosten- und Leistungsrechnung, Statistik und weitere Daten verarbeitet. Es soll kurzfristig, mittelfristig aber auch langfristig in die Zukunft geschaut werden.

Beispiele: Finanzplan, Personalplan, Absatzplan, Umsatzplan.

Aufgabe 4:

a) Anschaffungskosten sind die Aufwendungen, die geleistet werden, um einen Vermögensgegenstand zu erwerben und ihn in einen betriebsbereiten Zustand zu versetzen.

b)

Listenpreis	26.500,00 €
+ Überführungskosten	600,00 €
+ Zulassungskosten	102,50 €
+ Regale	395,30 €
- 10 % auf den Listenpreis von 26.500,00 €	2650,00 €
Anschaffungskosten	**24.947,80 €**

c) Wiederkehrende Kosten gehören nicht zu den Anschaffungskosten. Sie wirken sich somit nicht aus.

d) Der Wertverlust wird buchhalterisch durch Abschreibung erfasst. Der Gesetzgeber legt in Tabellen (AfA-Tabellen) die Nutzungsdauer fest. Durch die Abschreibung sinkt der Gewinn vom Hotel Sonnenschein.

e) Unter Herstellungskosten versteht man im betrieblichen Rechnungswesen eine Bewertung für selbst hergestellte Güter. Dazu gehören z. B. Materialkosten, Fertigungskosten, Materialgemeinkosten, Fertigungsgemeinkosten.

Aufgabe 5:

a) 100 Liter = 55,18 €
15.000 Liter = X

$$X = \frac{55{,}18\ € \times 15.000\ \text{Liter}}{100\ \text{Liter}} = 8277{,}00\ €$$ Wert Mitte November

100 Liter = 51,87 €
15.000 Liter = X

$$X = \frac{51{,}87\ € \times 15.000\ \text{Liter}}{100\ \text{Liter}} = 7780{,}50\ €$$ Wert am Bilanzstichtag

Heizöl gehört zum Umlaufvermögen. Es gilt das strenge Niederstwertprinzip.
Es ist der Wert von **7780,50 €** auszuweisen.

b) 100 Liter = 55,18 €
15.000 Liter = X

$$X = \frac{55{,}18\ € \times 15.000\ \text{Liter}}{100\ \text{Liter}} = 8277{,}00\ €$$ Wert Mitte November

100 Liter = 61,29 €
15.000 Liter = X

$$X = \frac{61{,}29\ € \times 15.000\ \text{Liter}}{100\ \text{Liter}} = 9193{,}50\ €$$ Wert am Bilanzstichtag

Es gilt auch hier das strenge Niederstwertprinzip und somit ist der Wert von **8277,00 €** anzusetzen.

c) 1c, 2d, 3a, 4b

B. Finanzbuchhaltung

Aufgabe 1
Nennen Sie 6 Adressaten der Finanzbuchhaltung. Unterscheiden Sie dabei nach internen und externen Adressaten.

Aufgabe 2
Roman Waldner ist im Rahmen seiner Ausbildung zum Hotelfachmann in der Buchhaltung eingesetzt. Er soll mit den Grundlagen der Finanzbuchhaltung vertraut gemacht werden.

a) Erklären Sie den Unterschied zwischen Kreditoren- und Debitorenbuchhaltung.

b) Was ist unter Grundbuch und Hauptbuch zu verstehen?

c) Was sind Nebenbücher? Nennen Sie 3 Beispiele.

d) Legen Sie Roman Waldner kurz die Aufgaben der Finanzbuchhaltung dar.

Aufgabe 3
Die Prestige Hotel AG betreibt 12 Hotels, verteilt in ganz Deutschland.

a) Aus welchen Teilen hat der Jahresabschluss der Prestige Hotel AG zu bestehen?

b) Erklären Sie folgende Grundsätze, die beim Erstellen der Bilanz zu berücksichtigen sind:

Bilanzidentität	Bilanzstetigkeit	Bilanzwahrheit

c) Die Bilanz besteht aus der Aktivseite (Aktiva) und der Passivseite (Passiva).
Auf welcher Seite können Sie jeweils die Mittelherkunft und Mittelverwendung entnehmen?

d) Wie wird eine Aufwendung für das alte Geschäftsjahr, deren Höhe wir noch nicht genau kennen, in der Bilanz ausgewiesen?

Aufgabe 4
Es werden im betriebswirtschaftlichem Rechnungswesen Erfolgskonten und Bestandskonten unterschieden.

a) Welche Aufgaben haben Erfolgskonten?

b) Ordnen Sie die Aussagen entsprechend zu.

1. Der Anfangsbestand stimmt mit dem Schlussbestand des Kontos aus dem Vorjahr überein.	
2. Das Konto hat keinen Anfangsbestand.	a) Erfolgskonten
3. Das Konto wird über das Schlussbilanzkonto abgeschlossen.	b) Bestandskonten
4. Der Abschluss erfolgt über das GuV-Konto.	
5. Sie werden als Unterkonten des Eigenkapitals bezeichnet.	

c) In welche 2 Konten lassen sich Erfolgskonten weiter unterteilen? Nennen Sie Geschäftsvorfälle, die das jeweilige Konto betreffen.

Aufgabe 5
Sie erhalten die Gewinn- und Verlustrechnung des abgelaufenen Geschäftsjahres.

Soll	**Gewinn- und**	**Verlustkonto**	**Haben**
Aufwendungen für Waren	887.000,00	Umsatzerlöse für Waren	1.650.700,00
Personalkosten	345.400,00		
Mieten, Pachten	32.200,00		
Abschreibungen	25.600,00		
Werbekosten	45.800,00		
Sonstige Aufwendungen	24.900,00		
Gewinn	?		

a) Errechnen Sie, ob ein Gewinn oder Verlust entstanden ist.

b) Wie wird das Gewinn- und Verlustkonto abgeschlossen?

Lösungen zu Aufgabenblock B

Aufgabe 1:

Externe Finanzbuchhaltung	Interne Finanzbuchhaltung
Finanzamt (Grundlage für Besteuerung)	Unternehmensführung
Banken (Kreditwürdigkeit)	Teilhaber des Unternehmens
Lieferanten (Lieferantenkredite)	Arbeitnehmer und ihre Vertretungen

Aufgabe 2:

a) Die **Kreditorenbuchhaltung** umfasst die Zahlungsverpflichtungen des Unternehmens. Sie ist hauptsächlich für das Erfassen und Verbuchen der Eingangsrechnungen verantwortlich.

Die **Debitorenbuchhaltung** befasst sich mit den Außenständen, also den Forderungen des eigenen Unternehmens an andere Unternehmen und Personen.

b) Grundbuch (Journal): Es werden alle Geschäftsvorfälle chronologisch (zeitlich) mit laufender Nummer, Datum und Betrag erfasst.

Hauptbuch: Die Buchungen des Grundbuchs werden sachlich geordnet in die passenden Konten übertragen.

c) Nebenbücher erläutern bestimmte Hauptbuchkonten. Beispiele:
- Kontokorrentbuch: Geschäftsverkehr mit Lieferanten (Kreditoren) und Kunden (Debitoren).
- Lohn- und Gehaltsbuch: Lohn- und Gehaltsabrechnung.
- Lagerbuch: Aufzeichnungen über die Bestände, Zugänge und Abgänge der Lagerpositionen.
- Anlagenbuch: Veränderungen im Anlagevermögen (z. B. Abgänge, Zugänge, Abschreibung).

d)

Dokumentation aller Geschäftsvorfälle
Ermittlung des Erfolgs
Information über die wirtschaftliche Lage
Ermittlung der Bestände
Grundlage für die Besteuerung

Aufgabe 3:

a) Es handelt sich bei der Prestige Hotel AG um eine Kapitalgesellschaft.

Laut HGB besteht der Jahresabschluss aus:
- Bilanz
- Gewinn- und Verlustrechnung (GuV-Rechnung)
- Anhang
- Lagebericht (Kleine Aktiengesellschaften sind vom Lagebericht befreit.)

b)

Bilanzidentität:	Die Wertansätze der Eröffnungsbilanz des neuen Wirtschaftsjahres müssen mit denjenigen der Schlussbilanz des vorhergehenden Wirtschaftsjahres übereinstimmen.
Bilanzstetigkeit:	Aufeinanderfolgende Bilanzen müssen ihre Darstellungsform und insbesondere ihre Gliederung beibehalten.
Bilanzwahrheit:	Die Bilanz muss vollständig und richtig sein. Sie darf keine Werte weglassen oder Zahlen hinzufügen, die nicht der Wahrheit entsprechen.

c) Die Mittelherkunft wird über die Passiva dargestellt.
Die Mittelverwendung wird über die Aktiva abgebildet.

(Beispiel einer Bilanz)

Aktiva		**Passiva**	
Anlagevermögen		**Eigenkapital**	99.100,00
Sachanlagen	90.000,00		
Finanzanlagen	18.000,00		
Umlaufvermögen		**Fremdkapital**	
Warenbestand	39.000,00	langfristige Verbindlichkeiten	72.000,00
Forderungen mittelfristig	15.000,00	kurzfristige Verbindlichkeiten	12.500,00
Forderungen kurzfristig	7.600,00		
Bank	14.000,00		
	183.600,00		183.600,00
	=========		=========

d) Es wird eine Rückstellung gebildet.

Aufgabe 4:

a) Erfolgskonten zeichnen solche Geschäftsfälle auf, die den Erfolg (Gewinn / Verlust) des Unternehmens beeinflussen.

b) 1b, 2a, 3b, 4a, 5a

c) Erfolgskonten können unterteilt werden in Aufwands- und Ertragskonten.

Aufwandskonten	**Ertragskonten**
Durch den Geschäftsvorfall wird das Eigenkapital gemindert. Beispiele: - Löhne und Gehälter - Abschreibungen - Werbungskosten - Aufwendungen für Roh-, Hilfs- und Betriebsstoffe	Durch den Geschäftsvorfall wird das Eigenkapital erhöht. Beispiele: - Erlöse Warenverkauf - Erlöse Leistungen - Zinserträge - Mieteinnahmen

Aufgabe 5:

a)

Umsatzerlöse	1.650.700,00 €
- Aufwendungen für Waren	887.000,00 €
- Personalkosten	345.400,00 €
- Mieten, Pachten	32.200,00 €
- Abschreibungen	25.600,00 €
- Werbekosten	45.800,00 €
- Sonstige Aufwendungen	24.900,00 €
Gewinn	**289.800,00** €

b) Das GuV-Konto wird über das Bilanzkonto Eigenkapital abgeschlossen. Bei Gewinn wird das Eigenkapital erhöht, bei Verlust vermindert.

Das Gewinn- und Verlustkonto und das ihm übergeordnete Eigenkapitalkonto verbinden die beiden Kontenkreise der doppelten Buchführung (Erfolgskonten und Bestandskonten).

C. Kosten- und Leistungsrechnung 1

Aufgabe 1
Sie werden beauftragt, einer Gruppe von Auszubildenden Grundlagen der Kosten- und Leistungsrechnung näher zu bringen.

a) Unterscheiden Sie Kostenartenrechnung, Kostenstellenrechnung, Kostenträgerrechnung.

b) Was ist unter „Fixkosten“ zu verstehen? Nennen Sie 3 Beispiele.

c) Erklären Sie den Unterschied zwischen Einzelkosten und Gemeinkosten in der Kostenrechnung.

Aufgabe 2
In der Frischgut GmbH werden hochwertige Tiefkühlprodukte für den Hotel- und Gastronomiebereich hergestellt und auch vertrieben.

Sie können der Buchführung folgende Zahlen entnehmen:
Gehälter: 200.000,00 €
Soziale Abgaben: 24.000,00 €
Hilfs- und Betriebsstoffe: 120.000,00 €
Instandhaltung: 40.000,00 €
Abschreibung: 25.000,00 €

a) Teilen Sie die Gehälter auf, wenn folgende Daten gegeben sind. Wie hoch sind die Kosten für den Bereich Verwaltung?

Material:	35.000,00 €
Herstellung:	25.000,00 €
Verwaltung:	
Vertrieb:	65.000,00 €

b) Welche Aufgabe hat der Betriebsabrechnungsbogen?

c) Die Hilfs- und Betriebsstoffe sind zwischen dem Materialbereich und der Herstellung im Verhältnis 2 : 5 aufzuteilen.

Die Instandhaltungskosten sind nach dem Schlüssel 3 : 6 : 1 : 1 aufzuteilen.

Die sozialen Abgaben sind entsprechend der Gehälter zu verteilen.

Die Abschreibungen sind im Verhältnis 2 : 5 : 2 : 3 zu verteilen.

Stellen Sie einen BAB auf und verteilen die Kosten auf folgende Kostenstellen: Material, Herstellung, Verwaltung und Vertrieb.

Aufgabe 3
Sie erhalten die Gewinn- und Verlustrechnung des abgelaufenen Geschäftsjahres.

Soll	**Gewinn- und**	**Verlustkonto**	**Haben**
Aufwendungen für Waren	950.000,00	Umsatzerlöse für Waren	1.520.400,00
Personalkosten	245.400,00		
Mieten, Pachten	68.800,00		
Abschreibungen	19.100,00		
Werbekosten	24.300,00		
Sonstige Aufwendungen	32.200,00		
Gewinn	?		

a) Wie hoch ist der Gewinn oder Verlust für das abgelaufene Geschäftsjahr?

b) Berechnen Sie den Handlungskostenzuschlag in Prozent. Runden Sie das Ergebnis auf 2 Nachkommastellen.

c) Wie hoch ist der Gewinnzuschlag in Prozent? Runden Sie das Ergebnis auf 2 Nachkommastellen.

d) Warum wird eine Nachkalkulation durchgeführt?

e) Wie hoch ist der Rohgewinn?

f) Berechnen Sie die Handelsspanne in Prozent. Runden Sie das Ergebnis auf 2 Nachkommastellen.

Aufgabe 4
Der Beherbergungsumsatz betrug im letzten Jahr 4.523.587,78 €. Die variablen Kosten betrugen 789.567,21 €. Die fixen Kosten beliefen sich auf 2.921.698,87 €.

a) Ermitteln Sie den Gewinn.

b) Im neuen Jahr soll der Umsatz um 7 % gesteigert werden. Die variablen Kosten pro Zimmer sollen durch effektivere Arbeitsabläufe gesenkt werden. Welche Auswirkungen sind bei den Fixkosten zu erwarten?

Aufgabe 5
Unterscheiden Sie Kostenträgerzeitrechnung und Kostenträgerstückrechnung.

Lösungen zu Aufgabenblock C

Aufgabe 1:

a)

Kostenartenrechnung:	Sie erfasst und gliedert die Kosten, die in einem Zeitraum anfallen. Welche Kosten sind angefallen?
Kostenstellenrechnung:	Die Kosten werden nach dem Verursacherprinzip den Kostenstellen zugeordnet. Kostenstellen können z. B. Beherbergung, Gastronomie, Wäscherei, Fuhrpark sein. Wo sind die Kosten entstanden?
Kostenträgerrechnung:	Es wird errechnet welche Kosten einzelne Produkte verursachen. Dazu werden die Einzelkosten aus der Kostenartenrechnung und die Gemeinkosten aus der Kostenstellenrechnung verwendet. Für welches Produkt sind die Kosten entstanden?

b) Fixkosten fallen unabhängig von der Produktionsmenge an. Sie fallen z. B. auch an, wenn gar nichts produziert wird.

Beispiele: Mieten und Pachten, Kreditkosten, Versicherungen, Grundsteuern, Abschreibungen

c) Einzelkosten sind Kosten, die einem Bezugsobjekt (z. B. Kostenträger) direkt zugeordnet werden können. Beispiel: Materialeinzelkosten

Gemeinkosten lassen sich einem Bezugsobjekt **nicht** direkt zuordnen.
Beispiele: Materialgemeinkosten, Gebäudekosten

Aufgabe 2:

a)

Material:	35.000,00 €
Herstellung:	25.000,00 €
Verwaltung:	**75.000,00 €**
Vertrieb:	65.000,00 €
Gesamt:	200.000,00 €

b) Der Betriebsabrechnungsbogen (BAB) verteilt bestimmte Kostenarten auf die Kostenstellen. So werden z. B. allgemeine Kosten wie Strom, Miete auf die Kostenstellen umgelegt.

c)

	Material in €	Herstellung in €	Verwaltung in €	Vertrieb in €
Gehälter	35.000,00	25.000,00	75.000,00	65.000,00
Soziale Abgaben	4200,00	3000,00	9000,00	7800,00
Hilfs- und Betriebsstoffe	34.285,71	85.714,29	------------	------------
Instandhaltungskosten	10.909,09	21.818,18	3636,36	3636,36
Abschreibungen	4166,67	10.416,67	4166,67	6250,00
Gesamt:	**88.561,47**	**145.949,14**	**91.803,03**	**82.686,36**

Aufgabe 3:

a)

Umsatzerlöse	1.520.400,00 €
- Aufwendungen für Waren	950.000,00 €
- Personalkosten	245.400,00 €
- Mieten, Pachten	68.800,00 €
- Abschreibungen	19.100,00 €
- Werbekosten	24.300,00 €
- Sonstige Aufwendungen	32.200,00 €
Gewinn	**180.600,00 €**

b)

Personalkosten	245.400,00 €
+ Mieten, Pachten	68.800,00 €
+ Abschreibungen	19.100,00 €
+ Werbekosten	24.300,00 €
+ Sonstige Aufwendungen	32.200,00 €
Handlungskosten	389.800,00 €

950.000,00 € = 100 %
389.800,00 € = X

$$X = \frac{100\ \% \times 389.800,00\ €}{950.000,00\ €} \qquad \mathbf{X = 41{,}03\ \%}$$

c)

$$\text{Gewinnzuschlag} = \frac{\text{Gewinn x } 100\ \%}{\text{Selbstkosten}}$$

Aufwendungen für Waren	950.000,00 €
+ Handlungskosten	389.800,00 €
Selbstkosten	1.339.800,00 €

$$\text{Gewinnzuschlag} = \frac{180.600,00\ € \times 100\ \%}{1.339.800,00\ €} = \mathbf{13{,}48\ \%}$$

d) Bei der Nachkalkulation werden die Zahlen aus der Verkaufskalkulation mit den tatsächlichen Ist-Kosten verglichen. Bei größeren Abweichungen muss die Kalkulation angepasst werden.

e)

Umsatzerlöse netto	1.520.400,00 €
- Aufwendungen für Waren	950.000,00 €
Rohgewinn	**570.400,00 €**

f)

$$\text{Handelsspanne} = \frac{\text{Rohgewinn x 100}}{\text{Umsatzerlöse}} = \frac{570.400{,}00\ € \text{ x } 100\ \%}{1.520.400{,}00\ €} = \mathbf{37{,}52\ \%}$$

Aufgabe 4:

a)

Umsatz:	4.523.587,78 €
- variable Kosten:	789.567,21 €
- fixe Kosten:	2.921.698,87 €
Gewinn:	**812.321,70 €**

b) Es sind keine Auswirkungen auf die Fixkosten (z. B. Mietkosten, Versicherungskosten) zu erwarten.

Aufgabe 5:

Bei der **Kostenträgerzeitrechnung** wird die Höhe der Gesamtkosten für einen Kostenträger für einen bestimmten Zeitraum ermittelt.

Bei der **Kostenträgerstückrechnung** werden die Kosten für jeden Kostenträger (Stückkosten) berechnet.

D. Kosten- und Leistungsrechnung 2

Aufgabe 1
Das Restaurant „Zum Storch" kalkuliert mit folgenden Werten:
180 % Gemeinkosten
30 % Gewinn
10 % Bedienungsgeld
19 % Umsatzsteuer

a) Errechnen Sie den Inklusivpreis, wenn die Materialkosten für ein 3-Gang-Menu 7,25 € betragen.

b) Wie hoch ist der Kalkulationsfaktor? Rechnen Sie mit 3 Stellen hinter dem Komma.

c) Wie hoch ist der Gesamtaufschlag in %?

Aufgabe 2
Das Hotel Elbblick bietet einem Kunden exklusive Produkte für eine Außer-Haus-Veranstaltung zum Preis von 1190,00 € an. Der Listenpreis (ohne Umsatzsteuer) beträgt 650,00 €. Vom Großhändler werden 15 % Rabatt und 2 % Skonto gewährt. Es fallen 14,00 € Bezugskosten und 30 % Handlungskosten an.

a) Wie hoch ist der Bareinkaufspreis?

b) Wie hoch ist der Gewinn?

Aufgabe 3
Die Kosten im Betrieb werden durch tarifliche Lohnerhöhungen steigen. Sie möchten Preissteigerungen Ihrer Produkte vermeiden. Nennen Sie 3 Möglichkeiten, um die Personalkosten zu senken.

Aufgabe 4
Das Hotel Alpenblick in Murnau verfügt über 60 Doppelzimmer, 15 Einzelzimmer und 6 Suiten. Die Gesamtkosten für das letzte Jahr beliefen sich auf 1.085.364,00 €. Die durchschnittliche Zimmerauslastung betrug bei den Doppelzimmern und Einzelzimmern 68 %, bei den Suiten 80 % bei 365 Öffnungstagen.

Die Äquivalenzziffern betragen:
Doppelzimmer - 1,0
Einzelzimmer - 0,8
Suite - 1,6

a) Berechnen Sie die Übernachtungskosten für die einzelnen Zimmerkategorien pro Übernachtung.

b) Berechnen Sie die Übernachtungskosten für die einzelnen Zimmerkategorien insgesamt.

c) Wie hoch ist der prozentuale Anteil der Kosten für die Suiten an den Gesamtkosten?

d) Welche Voraussetzungen müssen bei der Nutzung der Äquivalenzziffernkalkulation generell vorliegen?

Aufgabe 5
Das Hotel Hagener Hof hat 85 Zimmer, 1 Restaurant, 1 Bar und einen kleinen Wellnessbereich.

Im April wurden an 30 Tage 2091 Zimmer vermietet.

Im Mai wurden an 31 Tagen 1938 Zimmer vermietet.
Zusätzlich erhalten Sie für den Monat Mai folgende Daten:
Verkaufte Betten: 3585
Gästeankünfte: 996

a) Berechnen Sie die Zimmerbelegung in % für den Monat April und den Monat Mai.

b) Berechnen Sie den Belegungsfaktor für den Monat Mai.

c) Wie hoch ist die Aufenthaltsdauer für den Monat Mai?

d) Die Selbstkosten für ein Hotelzimmer betragen 45,85 €. Berechnen Sie den Inklusivpreis, wenn 45 % Gewinn und 7 % Umsatzsteuer zu berücksichtigen sind.

e) Was ist unter RevPAR zu verstehen?

Lösungen zu Aufgabenblock D

Aufgabe 1:

a)

Materialkosten	7,25 €
+ 180 % Gemeinkosten	13,05 €
Selbstkostenpreis	20,30 €
+ 30 % Gewinn	6,09 €
Kalkulierter Preis	26,39 €
+ 10 % Bedienungsgeld	2,64 €
Nettoverkaufspreis	29,03 €
+ 19 % Umsatzsteuer	5,52 €
Inklusivpreis	**34,55 €**

b) 34,55 € : 7,25 = **4,766**

c)

Materialkosten	7,25 €	100 %
+ Gesamtaufschlag	27,30 €	377 %
= Inklusivpreis	34,55 €	477 %

Der Gesamtaufschlag beträgt 377 %

Aufgabe 2:

a und b)

Listenpreis	650,00 €
- 15 % Rabatt	97,50 €
Zieleinkaufspreis	552,50 €
- 2 % Skonto	11,05 €
Bareinkaufspreis	**541,45 €**
+ Bezugskosten	14,00 €
Bezugspreis (Einstandspreis)	555,45 €
+ 30 % Handlungskosten	166,64 €
Selbstkostenpreis	722,09 €
+ Gewinn	**277,91 €**
Nettoverkaufspreis	1000,00 €
+ 19 % Umsatzsteuer	190,00 €
Bruttoverkaufspreis	1190,00 €

Der Bareinkaufpreis ist **541,45 €**. Der Gewinn beträgt **277,91 €**.

Aufgabe 3:

Effektivere Dienstplangestaltung.
Einführung flexiblerer Arbeitszeiten.
Einsparung fest angestellter Mitarbeiter durch vermehrten Einsatz von Aushilfen.
Überprüfung von Sonderzahlungen.

Aufgabe 4:

a und b)

Kategorie	Übernachtungen	Äquivalenz-ziffer	Umrechnungs-zahl	Selbstkosten pro Zimmer	Selbstkosten pro Periode
EZ	3723	0,8	2978,4	42,00 €	156.366 €
DZ	14.892	1,0	14.892	52,50 €	781.830 €
Suite	1752	1,6	2803,2	84,00 €	147.168 €
Summe			20.673,6		1.085.364 €

Nebenrechnungen:

$$\text{Selbstkosten pro Zimmer} = \frac{\text{Gesamtkosten pro Periode}}{\text{Summe der Umrechnungszahlen}} = \frac{1.085.364{,}00\ €}{20.673{,}6} = 52{,}50\ €$$

Selbstkosten pro Zimmer:
Einzelzimmer = 52,50 € x 0,8 = 42,00 €
Doppelzimmer = 52,50 € x 1,0 = 52,50 €
Suite = 52,50 € x 1,6 = 84,00 €

Selbstkosten pro Periode:
Einzelzimmer: 42,00 € x 3723 Übernachtungen = 156.366 €
Doppelzimmer: 52,50 € x 14.892 Übernachtungen = 781.830 €
Suite: 84,00 € x 1752 Übernachtungen = 147.168 €

c) 1.085.364 € = 100 %
147.168 € = x

$$X = \frac{100\ \%\ \text{x}\ 147.168\ €}{1.085.364\ €} = \mathbf{13{,}56\ \%}$$

d)

✓ Es müssen mehrere Varianten oder Sorten eines Produktes vorliegen.

✓ Die einzelnen Produkte / Varianten lassen sich anhand eines konkreten Faktors zueinander ins Verhältnis setzen.

Aufgabe 5:

a) 85 Zimmer x 30 Tage = 2550

2550 Zimmer = 100 %
2091 Zimmer = X

$$X = \frac{2091 \text{ Zimmer} \times 100\ \%}{2550 \text{ Zimmer}} = \mathbf{82\ \%} \text{ für den April}$$

85 Zimmer x 31 Tage = 2635

2635 Zimmer = 100 %
1938 Zimmer = X

$$X = \frac{1938 \text{ Zimmer} \times 100\ \%}{2635 \text{ Zimmer}} = \mathbf{73{,}5\ \%} \text{ für den Mai}$$

b)

$$\text{Belegungsfaktor} = \frac{\text{verkaufte Betten}}{\text{verkaufte Zimmer}} = \frac{3585}{1938} = \mathbf{1{,}85}$$

Jedes Zimmer ist durchschnittlich mit 1,85 Personen belegt.

c)

$$\text{Aufenthaltsdauer} = \frac{\text{verkaufte Betten}}{\text{Gästeankünfte}} = \frac{3585}{996} = \mathbf{3{,}6\ Tage}$$

Die durchschnittliche Aufenthaltsdauer beträgt 3,6 Tage.

d)

Selbstkosten	45,85 €
+ 45 % Gewinn	20,63 €
= Nettoverkaufspreis	66,48 €
+ 7 % Umsatzsteuer	4,65 €
Inklusivpreis	**71,13 €**

e) RevPAR steht für **rev**enue **p**er **a**vailable **r**oom = Erlös pro verfügbarem Zimmer. Durch diese Kennzahl kann die Profitabilität von Hotels mit unterschiedlicher Größe, Auslastung und Preisgefüge verglichen werden.

E. Kosten- und Leistungsrechnung 3

Aufgabe 1
Die Buchhaltung der Extrascharf Küchenzubehör AG stellt Ihnen folgende Zahlen zur Verfügung:

Materialeinzelkosten: 57,85 €
Materialgemeinkosten: 7 %
Fertigungslohn: 112,00 €
Fertigungsgemeinkosten: 65 %
Verwaltungsgemeinkosten: 6 %
Vertriebsgemeinkosten: 10 %
Gewinn: 15 %
Skonto: 2 %

a) Wie hoch sind die Materialkosten?

b) Wie hoch ist der Zielverkaufspreis?

c) Im kommenden Jahr soll der Verkaufspreis aufgrund steigender Nachfrage auf 379,00 € angehoben werden. Wie wirkt sich das auf den Gewinn in € und % aus, wenn alle anderen Daten unverändert bleiben?

Aufgabe 2
Das Hotel & Restaurant Königshof im Schwarzwald möchte kalkulatorische Wagnisse genauer erfassen. Sie erhalten folgende Zahlen der letzten 3 Jahre zur Verfügung gestellt.

Jahr	Materialkosten	Schwund in %	Schwund in €
2018	360.000,00	3,2	
2019	382.000,00	3,8	
2020	385.500,00	3,5	
Gesamt			

a) Berechnen Sie den durchschnittlichen Materialschwund in % für die letzten 3 Jahre. Rechnen Sie mit 4 Nachkommastellen.

b) Berechnen Sie das Beständewagnis für das Jahr 2021 in €, wenn mit Materialkosten in Höhe von 390.000,00 € geplant wird.

c) Das Hotel & Restaurant Königshof wird als Personengesellschaft geführt. Wieso macht es Sinn einen kalkulatorischen Unternehmerlohn anzusetzen?

d) Nennen Sie 3 weitere kalkulatorische Kosten.

Aufgabe 3
Die Wedding Catering GmbH ist spezialisiert auf die Ausrichtung von Hochzeitsfeiern. Sie bietet ihren Kunden 4 verschiedene Arrangements an. Sie erhalten folgende Daten für das letzte Quartal:

	Bronze	Silber	Gold	Diamant
Verkaufspreis	75,90 €	95,20 €	102,75 €	152,90 €
Variable Kosten pro Arrangement	24,86 €	45,58 €	58,68 €	76,85 €
Verkaufte Arrangements	3500	2750	1950	1230

a) Wie hoch ist der Deckungsbeitrag für die verschiedenen Arrangements?

b) Wie hoch ist der Deckungsbeitrag pro Arrangements im Quartal?

c) Wie hoch ist der Deckungsbeitrag aller Arrangements zusammen im Quartal?

d) Wie hoch ist der Gewinn für das Quartal, wenn die fixen Kosten pro Monat 125.000,00 € betragen?

Aufgabe 4
Das Hotel Hönig in Garmisch-Partenkirchen möchte in naher Zukunft vermehrt auf Wander-Touristen setzen.

Für die neuen Wander-Wochenenden sollen hochwertige Rucksäcke mit dem Logo des Hotels angeboten werden. Der Selbstkostenpreis laut Kalkulation für einen Rucksack beträgt 75,00 €. Er wird für 125,00 € netto angeboten. Die variablen Kosten pro Stück betragen 12,00 €. Der Bezugspreis ist 44,00 €. Als Entscheidungsgrundlage soll auch die Teilkostenrechnung berücksichtigt werden.

a) Erklären Sie den Begriff Teilkostenrechnung.

b) Nennen Sie vier Anwendungsmöglichkeiten der Teilkostenrechnung.

c) Berechnen Sie den Deckungsbeitrag pro Rucksack.

d) Wie hoch ist die kurzfristige Preisuntergrenze?

e) Wie hoch ist die langfristige Preisuntergrenze?

Lösungen zu Aufgabenblock E

Aufgabe 1:

a und b)

Materialeinzelkosten:	57,85 €	
+ Materialgemeinkosten (7 %)	4,05 €	
Materialkosten	**61,90 €**	**(Antwort a)**
+ Fertigungslohn	112,00 €	
+ Fertigungsgemeinkosten (65 %)	72,80 €	
Herstellungskosten	246,70 €	
+ Verwaltungsgemeinkosten (6 %)	14,80 €	
+ Vertriebsgemeinkosten (10 %)	24,67 €	
Selbstkostenpreis	286,17 €	
+ Gewinn (15 %)	42,93 €	
Barverkaufspreis	329,10 €	
+ Skonto (2 %)	6,72 €	
Zielverkaufspreis	**335,82 €**	**(Antwort b)**

c)

Materialeinzelkosten:	57,85 €	
+ Materialgemeinkosten (7 %)	4,05 €	
Materialkosten	61,90 €	
Fertigungslohn	112,00 €	
+ Fertigungsgemeinkosten (65 %)	72,80 €	
Herstellungskosten	246,70 €	
+ Verwaltungsgemeinkosten (6 %)	14,80 €	
+ Vertriebsgemeinkosten (10 %)	24,67 €	
Selbstkostenpreis	286,17 €	
+ Gewinn (29,79 %)	**85,25 €**	**(Antwort c)**
Barverkaufspreis	371,42 €	
+ Skonto (2 %)	7,58 €	
Zielverkaufspreis	379,00 €	

286,17 € = 100 %
85,25 € = X

$$X = \frac{100\ \% \times 85{,}25\ €}{286{,}17\ €} = \mathbf{29{,}79\ \%}$$

Der Gewinn steigt auf **85,25 €**.
Das entspricht **29,79 %** auf den Selbstkostenpreis.

Aufgabe 2:

a)

Jahr	Materialkosten	Schwund in %	Schwund in €
2018	360.000,00	3,2	11.520,00
2019	382.000,00	3,8	14.516,00
2020	385.500,00	3,5	13.492,50
Gesamt	**1.127.500,00**		**39.528,50**

1.127.500,00 € = 100 %
39.528,50 € = x

$$X = \frac{100\ \% \times 39.528{,}50\ €}{1.127.500{,}00\ €} = \mathbf{3{,}5059\ \%}$$

b) 390.000,00 € x 3,5059 % = **13.673,01 €**

c) Mitarbeitende Gesellschafter von Personengesellschaften erhalten kein Gehalt, sondern einen Teil des Gewinns. Damit die Selbstkosten nicht zu niedrig angesetzt werden, wird ein fiktiver kalkulatorischer Unternehmerlohn angesetzt. Maßstab hierfür ist das Gehalt eines Angestellten in vergleichbarer Position eines ähnlichen Betriebes der gleichen Branche.

d)

- ✓ Kalkulatorische Zinsen
- ✓ Kalkulatorische Miete
- ✓ Kalkulatorische Abschreibung

Aufgabe 3:

a und b)

	Bronze	Silber	Gold	Diamant
Verkaufspreis	75,90 €	95,20 €	102,75 €	152,90 €
Variable Kosten pro Arrangement	24,86 €	45,58 €	58,68 €	76,85 €
Verkaufte Arrangements	3500	2750	1950	1230
Deckungsbeitrag pro Arrangement	**51,04 €**	**49,62 €**	**44,07 €**	**76,05 €**
Deckungsbeitrag Arrangement im Quartal	**178.640,00 €**	**136.455,00 €**	**85.936,50 €**	**93.541,50 €**

c) 178.640,00 € + 136.455,00 € + 85.936,50 € + 93.541,50 € = **494.573,00 €**

d) 494.573,00 € - 375.000,00 € = **119.573,00 € Gewinn im Quartal**
(125.000,00 € Fixkosten pro Monat x 3 = 375.000,00 € Fixkosten im Quartal)

Aufgabe 4:

a) Die Kosten werden in fixe und variable Kosten aufgeteilt. Bei der Teilkostenrechnung werden zunächst nur die variablen Kosten einbezogen. Eine bekannte Form der Teilkostenrechnung ist die Deckungsbeitragsrechnung.

b)

Ermittlung der Gewinnschwelle.
Feststellung der kurzfristigen Preisuntergrenze.
Hilfestellung bei Gestaltung des Sortiments (Sortimentsoptimierung).
Entscheidungshilfe, ob Zusatzaufträge angenommen werden.

c)

Nettoverkaufspreis	125,00 €
- Bezugspreis	44,00 €
- variable Handlungskosten	12,00 €
Deckungsbeitrag	**69,00 €**

d) Kurzfristige Preisuntergrenze = 44,00 € + 12,00 € = **56,00 €**
(Es werden nur die variablen Kosten gedeckt.)

e) Langfristige Preisuntergrenze = **75,00 €**
(Es werden alle Kosten gedeckt - fixe und variable Kosten. Ein Gewinn wird jedoch nicht erwirtschaftet.)

F. Auswertung der betriebswirtschaftlichen Zahlen

Aufgabe 1
Sie sind im Hotel Sonnenhof für die Auswertung der betriebswirtschaftlichen Zahlen zuständig.

a) Nennen Sie Adressaten der betriebswirtschaftlichen Auswertung. Unterscheiden Sie zwischen interner und externer Auswertung.

b) Was ist ein Betriebsvergleich? Was ist ein Zeitvergleich?

c) Was bedeutet der Begriff „Liquidität"?

Aufgabe 2
Der Jahresabschluss der Firma Restaurant Sören Fischer enthält u. a. folgende Daten in €:

Anlagevermögen:	102.000
Umlaufvermögen:	79.200
Fremdkapital:	105.600
Umsatzerlöse:	140.400
Aufwand Material:	56.610
Personalkosten:	50.700
Zinsaufwendungen:	8.700

a) Berechnen Sie Gewinn und Eigenkapital.

b) Wie hoch ist die Eigenkapitalrentabilität?

c) Wie hoch ist die Umsatzrentabilität?

Aufgabe 3
Um die Rentabilität auszurechnen, erhalten Sie von der Buchführung folgendes Zahlenmaterial:

Gewinn:	65.000,00 €
Eigenkapital:	300.000,00 €
Fremdkapital:	240.000,00 €

a) Wie hoch ist die Rentabilität des gesamten eingesetzten Kapitals? Runden Sie auf 2 Nachkommastellen.

b) Arbeitet das Unternehmen rentabel?

c) Warum ist die Gesamtkapitalrentabilität eine wichtige Kennzahl für das Unternehmen?

Aufgabe 4
Was ist der Break-Even-Point?

Aufgabe 5
Die Schöne Restauranttische AG ist spezialisiert auf die Herstellung von Tischen. Zurzeit werden 10800 Tische im Jahr hergestellt. Das Unternehmen ist damit zu 80 % ausgelastet. Der Preis pro Tisch beträgt 225,00 € netto. Die fixen Kosten im Jahr betragen 1.400.000,00 €.
Die variablen Kosten pro Tisch sind mit 64,50 € angegeben.

a) Berechnen Sie die Break-Even-Menge.

b) Wie hoch ist der Break-Even-Umsatz?

c) Wie hoch ist das Betriebsergebnis?

d) Durch einen verbesserten Produktionsablauf können die variablen Kosten pro Tisch um 20 % gesenkt werden. Wie wirkt sich das auf die Gewinnschwelle aus?

e) Ein Discountmarkt möchte 150 Tische zum Preis von 80,50 € bestellen. Lohnt sich der Auftrag für das Unternehmen? Rechnen Sie mit den Zahlen vor der Kostensenkung.

Lösungen zu Aufgabenblock F

Aufgabe 1:

a)

Interne Auswertung der Daten	Externe Auswertung der Daten
Geschäftsführer Abteilungsleiter Mitarbeiter aus Controlling, Planung Produktmanager	Banken (Kreditkonditionen, Rating) Anteilseigner

b) Beim **Betriebsvergleich** werden die Zahlen des eigenen Betriebes mit den betriebswirtschaftlichen Zahlen eines anderen Betriebes verglichen.

Beim **Zeitvergleich** werden die Zahlen einer Periode mit den Zahlen einer anderen Periode verglichen.

c) Die **Liquidität** gibt Auskunft über die Zahlungsfähigkeit eines Unternehmens.

Aufgabe 2:

a) Gewinn: 140.400 € - 56.610 € - 50.700 € - 8.700 € = **24.390 €**
Eigenkapital: 102.000 € + 79.200 € - 105.600 € = **75.600 €**

b) $\text{Eigenkapitalrentabilität} = \frac{\text{Gewinn x 100}}{\text{Eigenkapital}} = \frac{24.390\text{ € x }100}{75.600\text{ €}} = \mathbf{32{,}26\ \%}$

c) $\text{Umsatzrentabilität} = \frac{\text{Gewinn x 100}}{\text{Umsatz}} = \frac{24.390{,}00\text{ € x }100}{140.400} = \mathbf{17{,}37\ \%}$

Aufgabe 3:

a) $\text{Rentabilität} = \frac{\text{Gewinn x 100}}{\text{Gesamtkapital}} = \frac{65.000{,}00\text{ € x }100}{540.000{,}00\text{ €}} = \mathbf{12{,}04\ \%}$

b) Das Unternehmen arbeitet rentabel. Das eingesetzte Kapital wird mit 12,04 % verzinst.

c) Die Gesamtkapitalrentabilität ist eine wichtige Kennzahl, weil der Gewinn in Relation zum eingesetzten Kapital gesetzt wird.

Aufgabe 4: Die Gewinnschwelle (engl. Break Even Point), ist der Punkt, an dem Erlös und Kosten gleich hoch sind. Es wird somit weder Verlust noch Gewinn erwirtschaftet. Wird die Gewinnschwelle überschritten, macht das Unternehmen Gewinn. Wird sie unterschritten, macht das Unternehmen Verlust.

Aufgabe 5:

a) 225,00 € - 64,50 € = 160,50 € Deckungsbeitrag je Stück

$$\text{Break-Even-Menge} = \frac{\text{Fixkosten gesamt}}{\text{Deckungsbeitrag je Stück}} = \frac{1.400.000{,}00\ €}{160{,}50\ €} = \textbf{8722,74 Tische}$$

b) Break-Even-Umsatz = Break-Even-Menge x Preis
8722,74 Tische x 225,00 € = **1.962.616,50 €**

c) Umsatz: 10.800 Tische x 225,00 € = 2.430.000,00 €
Kosten: 10.800 Tische x 64,50 € + 1.400.000,00 € = 2.096.600,00 €
2.430.000,00 € - 2.096.600,00 € = **333.400,00 €**

d) 64,50 € - 20 % Kostensenkung = 51,60 €

225,00 € - 51,60 € = 173,40 € Deckungsbeitrag je Stück

$$\text{Gewinnschwelle neu} = \frac{\text{Fixkosten gesamt}}{\text{Deckungsbeitrag je Stück}} \quad \frac{1.400.000{,}00\ €}{173{,}40\ €} = \textbf{8073,82 Tische}$$

e) 80,50 € - 64,50 € = 16,00 €

Der Deckungsbeitrag pro Tisch beträgt 16,00 €. Bei 150 Tischen würde sich das Betriebsergebnis um 2400,00 € erhöhen. Somit lohnt sich der Auftrag.

G. Planungsrechnung

Aufgabe 1
Sie werden als Mitarbeiter in der Planungsrechnung der Ostseehotel GmbH & Co. KG eingesetzt.

a) Warum wird die Planungsrechnung auch als Vorschaurechnung bezeichnet?

b) Nennen Sie 5 verschiedene Datenquellen, die in die Planungsrechnung mit einfließen können.

c) Nennen Sie 5 Pläne, die im Zuge einer Planungsrechnung erstellt werden können.

d) Welche zeitliche Ausgestaltung wird bei der Planungsrechnung unterschieden?

Aufgabe 2
Das Hotel Elbblick plant die Anschaffung von 2 neuen Kombidämpfern. Als Nutzungsdauer der Kombidämpfer sind 5 Jahre vorgesehen. Zur Finanzierung der Maßnahme soll der Kontokorrentkredit um 25.000 € erhöht werden.

a) Ist die Finanzierung über einen Kontokorrentkredit sinnvoll? Begründen Sie.

b) Welche Art von Finanzierung über eine Bank wäre eher geeignet?

c) Die Nutzungsdauer beträgt laut Afa-Tabelle 5 Jahre. Wie hoch wäre der Buchwert pro Kombidämpfer am Ende des 3. Jahres?

Aufgabe 3
Daniel Stuhltal, Inhaber vom Hotel Stuhltal in Essen, will seinen Catering Service ausbauen und benötigt einen neuen Transporter. Dazu hat er ein Leasingangebot von der Firma Comfort Leasing GmbH eingeholt.

a) Nennen Sie Vor- und Nachteile der Finanzierung über Leasing.

b) Wie wären die Besitz- und Eigentumsverhältnisse beim Leasing in diesem Fall?

c) Welchen Vorteil hätte das Hotel Stuhltal beim Leasing mit Kilometervertrag?

Aufgabe 4
Für einen Mitarbeiter im Controlling wird ein neues Notebook zum Preis von 900,00 € (netto) angeschafft. Die Nutzungszeit laut AfA-Tabelle beträgt 3 Jahre. Intern wird mit einer Nutzungsdauer von 5 Jahren und Wiederbeschaffungskosten von 1000,00 € gerechnet.

a) Wie hoch ist die kalkulatorische Abschreibung im Anschaffungsjahr?

b) Wie hoch ist die bilanzielle Abschreibung?

Lösungen zu Aufgabenblock G

Aufgabe 1:

a) Das normale Rechnungswesen beschäftigt sich überwiegend mit Zahlen der Vergangenheit. Bei der Planungsrechnung wird aus Zahlen und Daten der Vergangenheit eine Schätzung / Vorausschau für die Zukunft vorbereitet. Auf dieser Grundlage werden Entscheidungen getroffen.

b)

Zahlen aus der Kosten- und Leistungsrechnung
Finanzbuchhaltung
Konjunkturdaten und Prognosen zur Konjunkturentwicklung
Statistische Daten aus der Region und überregionale Daten
Analyse der Mitbewerber

c)

Plan	
Umsatzplan	Erwartete Umsätze im Hotel, Restaurant
Investitionsplan	Neue Anschaffungen und Renovierungen
Marketingplan	Maßnahmen für Werbung
Liquiditätsplan	Sicherstellung der Zahlungsbereitschaft
Personalplan	Personalbedarf, Personaleinsatz, Neueinstellungen
Kostenplan	Planung der Kosten, z. B. in Küche, Restaurant, Housekeeping

d)

- Operative Planung: Kurzzeitig ausgerichtet, meist bis zu einem Jahr.
- Strategische Planung: Langfristig ausgerichtet, meist über mehr als 4 Jahre.
- Taktische Planung: Mittelfristig ausgerichtet, meist zwischen 1 - 4 Jahre.

Aufgabe 2:

a) Nein, der Kontokorrentkredit ist für kurzfristige Finanzierung gedacht und für die Überbrückung von kurzfristigen Liquiditätsengpässen. Die Kombidämpfer haben eine Nutzungsdauer von 5 Jahren und sollten somit auch über diesen Zeitraum finanziert werden.

b) Die Finanzierung wäre möglich mit einem Investitionskredit. Bei diesem Kredit ist auch die Zinsbelastung für das Hotel Elbblick in der Regel wesentlich günstiger, als bei einem Kontokorrentkredit.

c) 12.500,00 € : 5 Jahre = 2500,00 € Abschreibung pro Jahr

Anschaffungswert	12.500,00 €
- Abschreibung (3 x 2500,00 €)	7.500,00 €
Buchwert nach 3 Jahren	**5.000,00 €**

Aufgabe 3:

a)

Vorteile	Nachteile
Liquidität wird geschont, da das Fahrzeug nicht gekauft werden muss. Finanzmittel können für andere Zwecke verwendet werden. Leasingraten sind steuerlich als Betriebsausgaben voll absetzbar.	Höhere Leasingkosten durch Risikoprämie und Gewinn der Leasingfirma. Leasingvertrag in der Regel nicht kündbar. Kein Eigentumserwerb. Leasingfahrzeug geht nach Ende des Vertrages an die Leasingfirma zurück.

b) Die Firma Comfort Leasing ist Eigentümer des Transporters. Das Hotel Stuhltal ist Besitzer.

c) Wenn das Hotel Stuhltal einigermaßen genau weiß, wie viele Kilometer mit dem Fahrzeug im Jahr zurückgelegt werden, ist das Kilometerleasing sehr gut kalkulierbar. Das Risiko, dass es zu einer Nachzahlung kommen kann, ist geringer als beim Restwertvertrag.

Aufgabe 4:

a) Wiederbeschaffungskosten : Interne Nutzungsdauer = Kalkulatorische Abschreibung

1000,00 € : 5 Jahre = **200,00 €**

b) Anschaffungskosten : Nutzungsdauer laut AfA-Tabelle = Bilanzielle Abschreibung

900,00 € : 3 Jahre = **300,00 €**

III. Recht und Steuern

A. BGB Allgemeiner Teil

Aufgabe 1
Sie werden damit beauftragt, einem neuen Auszubildenden grundlegende Begriffe aus dem BGB zu erklären.

a) Unterscheiden Sie natürliche und juristische Personen.

b) Ab wann ist eine natürliche Person rechtsfähig?

c) Erklären Sie den Unterschied zwischen Sachen und Rechten.

d) Sind Tiere auch Sachen?

e) Nach dem BGB werden Sachen weiter unterschieden. Ergänzen Sie nachfolgende Tabelle mit einer kurzen Erklärung und geben Sie je 3 Beispiele.

Bewegliche Sachen:	Sie lassen sich bewegen. Beispiele: Auto, Buch, Werkzeugkasten
Unbewegliche Sachen:	
Vertretbare Sachen:	
Unvertretbare Sachen:	
Verbrauchbare Sachen:	

Aufgabe 2
Die 15-jährige Caro kauft sich einen neuen PC im Wert von 299,00 €. Sie hat ihre Eltern vorab nicht informiert.

a) Was bedeutet der Begriff „Geschäftsfähigkeit" im Allgemeinen?

b) Benennen Sie Altersgrenzen der verschiedenen Abstufungen der Geschäftsfähigkeit.

c) Liegt ein gültiger Kaufvertrag der 15-jährigen Caro vor?

d) Welche Bedeutung hat der „Taschengeldparagraf" im BGB?

Aufgabe 3
Es werden Nichtigkeit und Anfechtbarkeit bei Rechtsgeschäften unterschieden.

a) Was sind nichtige Rechtsgeschäfte?

b) Wann sind Rechtsgeschäfte anfechtbar? Nennen Sie Anfechtungsgründe.

Aufgabe 4
Der Küchenausstatter Küchen Will OHG will dem Hotel Sonnenschein in Bremen eine Küchenmaschine für 3100,00 € anbieten. In dem Angebot kommt es zu einem Zahlendreher. Die Küchenmaschine wird für 1300,00 angeboten. Das Hotel Sonnenschein nimmt das Angebot an und verlangt die Lieferung der Küchenmaschine für 1300,00 €.

a) Muss der Küchenausstatter Küchen Will OHG die Küchenmaschine zum Preis von 1300,00 € ausliefern?

b) Der Küchenausstatter möchte den Vertrag anfechten. Wegen des Mutterschutzes einer Büromitarbeiterin soll die Anfechtung erst in ca. 3 Monaten erfolgen. Nehmen Sie dazu Stellung.

Lösungen zu Aufgabenblock A

Aufgabe 1:

a) Eine natürliche Person ist der Mensch als Träger von Rechten und Pflichten.

Im Gegensatz zur natürlichen Person steht die juristische Person. Dies sind Organisationen wie z. B. Körperschaften, Vereine und Gesellschaften. Ihnen wird vom Gesetzgeber Rechtsfähigkeit verliehen.

b) Die Rechtsfähigkeit einer natürlichen Person beginnt mit der Vollendung der Geburt. Sie endet mit dem Tod.

c) Sachen sind nach § 90 BGB körperliche Gegenstände. Rechte sind nicht körperliche Dinge, die man nicht anfassen kann, z. B. Patente, Lizenzen, Forderungen.

d) Im § 90a BGB steht: „Tiere sind keine Sachen. Sie werden durch besondere Gesetze geschützt. Auf sie sind die für Sachen geltenden Vorschriften entsprechend anzuwenden, soweit nicht etwas anderes bestimmt ist.“

Das bedeutet, dass man z. B. einen Kaufvertrag über einen Hund abschließen kann.

e)

Bewegliche Sachen:	Sie lassen sich bewegen. Beispiele: Auto, Buch, Werkzeugkasten
Unbewegliche Sachen:	Sie lassen sich nicht bewegen. Beispiele: Grundstück, Wohnung, Gebäude
Vertretbare Sachen:	Bewegliche Sachen, die im Rechtsverkehr nach Zahl, Maß und Gewicht bestimmt zu werden pflegen (Gattungsware). Beispiele: Kartoffeln, Getreide, Geld, Schrauben
Unvertretbare Sachen:	Individuell hergestellte Sachen, die es nur einmal gibt. Beispiele: Maßanzug, Einzelanfertigung eines Schrankes, Gemälde
Verbrauchbare Sachen:	Bewegliche Sachen, die zum Verbrauch oder zur Veräußerung bestimmt sind. Beispiele: Lebensmittel, Geld, Heizöl

Aufgabe 2:

a) Geschäftsfähigkeit ist die Fähigkeit, Rechtsgeschäfte selbstständig vollwirksam vorzunehmen.

b)

Geschäftsunfähig	Beschränkt Geschäftsfähig	Voll Geschäftsfähig
Geburt bis 7. Lebensjahr	7. bis 18. Lebensjahr	Ab dem vollendeten 18. Lebensjahr

c) Der Kaufvertrag ist schwebend unwirksam, da Caro nur beschränkt geschäftsfähig ist. Durch die nachträgliche Zustimmung der gesetzlichen Vertreter wird das Rechtsgeschäft gültig.

d) Der Taschengeldparagraph (§110 BGB) erlaubt es beschränkt geschäftsfähigen Personen (7 - 18 Jahren) Geschäfte im Rahmen ihres Taschengelds auch ohne Zustimmung der Erziehungsberechtigten abzuschließen.

Aufgabe 3:

a) Nichtige Rechtsgeschäfte sind von Anfang an ungültig. Sie gelten als nicht abgeschlossen.

Beispiele:
- Verstoß gegen Formvorschriften, z. B. Grundstückskauf ohne notarielle Beurkundung.
- Scherzgeschäft, z. B. Verkauf eines Grundstücks auf dem Saturn.
- Rechtsgeschäfte mit Geschäftsunfähigen, z. B. 6-jähriger Junge kauft eine Nusstorte.
- Verstoß gegen Strafgesetze, z. B. Drogenhandel.

b) Ein gültiges Rechtsgeschäft wird durch Anfechtung unwirksam.

Anfechtungsgrund	Beispiele
Irrtum in der Erklärung	Eine Ladenbesitzerin bestellt statt 100 Pudelmützen 1000 Pudelmützen.
Irrtum in der Übermittlung	Eine Ladenbesitzerin beauftragt einen Mitarbeiter mit der Bestellung. Der Mitarbeiter gibt die Bestellung nicht richtig weiter.
Irrtum über die wesentliche Eigenschaft einer Sache oder Person	Nach dem Kauf einer antiken Standuhr aus dem 18. Jahrhundert stellt sich heraus, dass es sich nur um einen Nachbau handelt.
Widerrechtliche Drohung	Eine ältere Dame wird gezwungen, ein Abo abzuschließen, da ihr sonst etwas passieren könnte.
Arglistige Täuschung	Ein Kunde kauft von einem Händler ein unfallfreies Auto. Später stellt sich heraus, dass der Wagen einen schweren Verkehrsunfall hatte.

Aufgabe 4:

a) Der Küchenausstatter Küchen Will OHG kann den Vertrag anfechten, da es sich um einen Erklärungsirrtum handelt. Der Erklärungsirrtum bezeichnet das unbewusste Auseinanderfallen von objektiv Erklärtem und subjektiv Gewolltem.

b) Die Anfechtung muss nach BGB § 121 (Anfechtungsfrist) ohne schuldhaftes Zögern (unverzüglich) erfolgen, nachdem der Anfechtungsberechtigte von dem Anfechtungsgrund Kenntnis erlangt hat.

B. Kaufvertrag / Weitere Vertragsarten

Aufgabe 1
Die Qualität und Zuverlässigkeit eines Lieferanten hat in der letzten Zeit nachgelassen. Sie werden beauftragt, Angebote von anderen Herstellern einzuholen.

a) Was bedeutet der Vermerk „freibleibend“ der Firma Müller GmbH auf einem Angebot?

b) Die Firma Waldmann OHG bietet Ihnen die Lieferung „Just-In-Time“ an.
Was bedeutet diese Lieferart und welche Vorteile und Nachteile gibt es?

c) Welche Bedeutung hat der Bestellzeitpunkt für den Einkauf?

Aufgabe 2
Zum März werden 100 Kaffeekannen benötigt. Folgende Schritte wurden dazu getätigt:

15.01.:	Anfrage an den Lieferanten Großmarkt Nord AG über 100 Kaffeekannen per E-Mail. Die Lieferung soll spätestens zum 15.02. erfolgen.
20.01.:	Das schriftliche Angebot der Großmarkt Nord AG über 100 Kaffeekannen mit Lieferdatum zum 15.02. trifft als Brief per Post ein.
27.01.:	Bestellung von 100 Kaffeekannen per Fax.
16.02.:	Die Lieferung ist noch nicht eingetroffen.
17.02.:	Anruf bei der Großmarkt Nord AG und Nachfrage, wo die Lieferung bleibt.

a) Wann ist der Kaufvertrag zustande gekommen?
Tragen Sie das Datum in das Kästchen ein.

b) Wie lange ist das schriftliche Angebot vom 20.01. der Großmarkt Nord AG gültig?

c) Wann gerät die Großmarkt Nord AG in Verzug?
Tragen Sie das Datum in das Kästchen ein.

d) Was bedeutet der Grundsatz von Treu und Glauben?

Aufgabe 3
Wie kommt ein Kaufvertrag grundsätzlich zustande?

Aufgabe 4
Beschreiben Sie die Besonderheiten folgender Kaufvertragsarten.

Zweiseitiger Handelskauf	Kauf auf Abruf	Kommissionskauf	Kauf auf Probe

Aufgabe 5
Ben Schneider leitet das Hotel Traveblick in Lübeck.
Ben erhält auf Anfrage ein Angebot per E-Mail der Firma Bürobedarf Müller GmbH & Co. KG mit Sitz in Hamburg für 4 neue Computermonitore.

a) Wie lange ist dieses Angebot gültig, wenn keine Frist genannt ist?

b) Wo ist der Erfüllungsort für die Lieferung, wenn dazu keine Angaben gemacht sind?

c) Was besagt der Begriff „Erfüllungsort" für Kaufleute?

d) Was ist unter Gerichtsstand zu verstehen? Wo wäre der Gerichtsstand, wenn es nach Abschluss des Kaufvertrages zwischen dem Hotel Traveblick und der Firma Bürobedarf Müller GmbH & Co. KG zu Streitigkeiten wegen fehlerhafter Monitore kommt?

Aufgabe 6
Ordnen Sie die Rechtsgeschäfte entsprechend zu.

1) Kündigung der Mietwohnung	
2) Abschluss eines Darlehensvertrag	
3) Abschluss eines Mietvertrages	a) Einseitiges Rechtsgeschäft
4) Erstellen eines Testaments	b) Zweiseitiges Rechtsgeschäft
5) Abschluss eines Kaufvertrages	
6) Anfechtung	

Aufgabe 7
Ergänzen Sie zu den genannten Beispielen die entsprechende Vertragsart.

Beschreibung oder Beispiel	Vertragsart
Reparatur des Wasserhahns, Kürzung einer Anzughose.	
Entgeltliche Überlassung von Sachen zum Gebrauch.	
Leistungen von Diensten gegen Entgelt ohne Erfolgsgarantie.	
Erwerb einer Sache gegen Entgelt.	

Lösungen zu Aufgabenblock B

Aufgabe 1:

a) Mit dieser Freizeichnungsklausel schließt die Firma Müller GmbH eine rechtliche Bindung an das Angebot aus.

b) Die Lieferung (z. B. durch den Hersteller) erfolgt genau zu dem Zeitpunkt, an dem die Ware benötigt wird.

Vorteile	Nachteile
Reduzierung der Lagerkosten.	Produktionsausfälle bei Lieferverzögerungen.
Kapitalbindung durch Lagerbestände sinkt.	Abhängigkeit vom Lieferanten.
Steigerung der Produktivität möglich.	Hoher EDV- und Planungsaufwand.

c) Der Bestellzeitpunkt hat eine große Bedeutung. Zu berücksichtigen sind z. B. Preiserhöhungen, Sonderangebote und Änderungen bei den Konditionen.

- Beschaffung zu früh: Es entstehen zusätzliche Lagerkosten.
- Beschaffung zu spät: Es entstehen Fehlmengenkosten, z. B. durch entgangenen Gewinn.

Aufgabe 2:

a) Wann ist der Kaufvertrag zustande gekommen? **27.01.**

b) Das Angebot ist 1 Woche gültig.

c) Wann gerät die Großmarkt Nord AG in Verzug? **16.02.**

d) Innerhalb eines Schuldverhältnisses ist der Schuldner nach § 242 BGB verpflichtet, die Leistung so zu bewirken, wie Treu und Glauben mit Rücksicht auf die Verkehrssitte es erfordern.

Aufgabe 3: Ein Kaufvertrag kommt durch zwei übereinstimmende Willenserklärungen zustande (Antrag und Annahme).

Aufgabe 4:

Zweiseitiger Handelskauf:	Beide Parteien sind Kaufleute und der Kauf ein Handelsgeschäft.
Kauf auf Abruf:	Kauf einer größeren Menge, die in Teilmengen abgerufen wird.
Kommissionskauf:	Der Händler braucht seinen Lieferanten erst zu bezahlen, wenn er die Ware verkauft hat.
Kauf auf Probe:	Erst nach einer Probe wird über den Kauf entschieden.

Aufgabe 5:

a) Das Angebot gilt so lange, wie unter normalen Umständen eine Antwort zu erwarten ist. Bei einem Angebot per E-Mail sind das 1 bis 2 Tage.

b) Der Erfüllungsort ist Hamburg (Warenschulden sind Holschulden).

c) Erfüllungsort ist der Ort, an dem der Schuldner seine Leistung erbringt. Der Verkäufer schuldet die Ware, der Käufer das Geld.

d) Der Gerichtsstand ist der Ort des zuständigen Gerichts (Klageort).

In der Regel ist der Gerichtsstand der Wohnsitz des Beklagten. Bei schuldrechtlichen Rechtsstreitigkeiten ist der gesetzliche Gerichtsstand der Erfüllungsort, also der Ort, an dem der Schuldner seinen Wohn- oder Geschäftssitz hat. Dies ist bei Warenschulden der Sitz des Verkäufers. In diesem Fall wäre der Gerichtsstand Hamburg.

Aufgabe 6: 1a, 2b, 3b, 4a, 5b, 6a

Aufgabe 7:

Beschreibung oder Beispiel	**Vertragsart**
Reparatur des Wasserhahns, Kürzung einer Anzughose.	Werkvertrag
Entgeltliche Überlassung von Sachen zum Gebrauch.	Mietvertrag
Leistungen von Diensten gegen Entgelt ohne Erfolgsgarantie.	Dienstvertrag
Erwerb einer Sache gegen Entgelt.	Kaufvertrag

C. Leistungsstörungen und Haftung

Aufgabe 1
Sie erhalten eine Lieferung an Verbrauchsmaterial Ihres Großhändlers.

a) Innerhalb welcher Frist ist die Prüfung auf Mängel vorzunehmen?

b) Innerhalb welcher Fristen sind offene und versteckte Mängel zu rügen?

c) Welche Voraussetzungen sind für einen Lieferungsverzug notwendig und welche Rechte ergeben sich daraus für den Käufer / Empfänger?

d) Welche Rechte ergeben sich für den Käufer aus einer mangelhaften Lieferung im Allgemeinen?

Aufgabe 2
Das Hotel Wittmer in Köln bekommt eine Lieferung von Frotteehandtüchern für die Hotelzimmer.

a) Bei der Kontrolle der Lieferung stellen Sie fest, dass statt 100 nur 50 Frotteehandtücher geliefert wurden. Was ist noch bei der Anlieferung zu tun?

b) Nach 8 Wochen erhalten Sie Nachricht von der Wäscherei, dass die Frotteehandtücher nicht wie angegeben gewaschen werden können. Sie färben ab und laufen ein. Können Sie den Mangel gegenüber dem Lieferanten noch geltend machen?

Aufgabe 3
Ordnen Sie die genannten Verjährungsfristen entsprechend zu.

1. Allgemeine Verjährungsfrist, z. B. Forderung aus Kaufverträgen.	
2. Ansprüche, die im Rahmen eines Insolvenzverfahrens festgehalten wurden.	a) 1 Jahr
	b) 2 Jahre
3. Veräußerung einer gebrauchten Sache, falls verkürzte Verjährung vereinbart wurde.	c) 3 Jahre
4. Ansprüche aus Vollstreckungsbescheiden.	d) 30 Jahre
5. Ansprüche aus Kauf- und Werkverträgen (Gewährleistungsfrist).	

Aufgabe 4
Sie arbeiten in der Buchhaltung der Falke Hotel AG. Eine Rechnung an die Gerhard Thomsen Einzelhandel OHG von 6.450,85 € (brutto) wurde am 07.04. dieses Jahres verschickt. Bei einer Kontoabfrage am 27.05. wurde keine Zahlung festgestellt.

Als Zahlungsbedingungen wurde vereinbart: Zahlbar ab Rechnungserhalt binnen 7 Tagen unter Abzug von 3 % Skonto oder nach 21 Tagen netto Kasse.

a) Gerät die Gerhard Thomsen Einzelhandel OHG auch ohne Mahnung in Zahlungsverzug?

b) Aus welchen Bestandteilen besteht der Verzugszinssatz?

Aufgabe 5
Käufe von Verbrauchern über das Internet sowie Haustürgeschäfte und Verbraucherdarlehen können innerhalb einer bestimmten Frist widerrufen werden. Innerhalb welcher Frist ist dies möglich? Muss ein Grund für den Widerruf genannt werden?

Aufgabe 6
Sie werden beauftragt, den Auszubildenden Wissen zum Verbrauchsgüterkauf zu vermitteln.

a) Was ist ein Verbrauchsgüterkauf?

b) Ergänzen Sie folgenden Lückentext:

Die Rechte des Käufers beim Verbrauchsgüterkauf sind geregelt im ....

.... Mängel sind sofort zu rügen. Der Käufer kann Nacherfüllung verlangen

und kann wählen zwischen .... und ....

c) Erklären Sie den Begriff „Beweislastumkehr“.

Aufgabe 7
Erklären Sie die Unterschiede zwischen Gewährleistung, Garantie und Kulanz.

Lösungen zu Aufgabenblock C

Aufgabe 1:

a) Die Prüfung auf Mängel ist unverzüglich ohne schuldhaftes Zögern vorzunehmen.

b)
Offene Mängel sind unverzüglich zu rügen.
Versteckte Mängel sind unverzüglich nach Entdeckung zu rügen.

c)
Voraussetzungen für den Lieferungsverzug:
- ✓ Die Lieferung muss fällig sein. Dies trifft zu, wenn der Liefertermin kalendarisch festgelegt wurde. Ist der Liefertermin nicht kalendarisch festgelegt, ist eine Mahnung erforderlich.
- ✓ Es muss ein Verschulden des Lieferanten vorliegen.

Rechte des Empfängers ohne Nachfristsetzung:
a) Bestehen auf Lieferung.
b) Bestehen auf Lieferung und Verlangen eines Schadensersatzes.

Rechte des Empfängers mit Nachfristsetzung:
a) Schadensersatz statt Leistung oder Ersatz vergeblicher Aufwendungen.
b) Rücktritt vom Kaufvertrag.

d)
Recht auf Nacherfüllung:
Nachbesserung bei Gattungsware oder Stückkauf oder Ersatzlieferung.

Recht auf Rücktritt vom Kaufvertrag:
Vorher muss dem Verkäufer die Möglichkeit der Nacherfüllung eingeräumt werden.

Recht auf Minderung:
Der Kaufpreis wird entsprechend des Mangels gemindert.

Recht auf Schadensersatz / Ersatz vergeblicher Aufwendungen:
Voraussetzung ist, dass der Käufer eine angemessene Nachfrist zur Nacherfüllung gesetzt hat und diese erfolglos abgelaufen ist. Darüber hinaus muss dem Verkäufer beim Zugang der Fristsetzung deutlich werden, dass der Käufer nach Ablauf dieser Frist einen Schadensersatz verlangen wird.

Aufgabe 2:

a) Sie vermerken den Mangel im Lieferschein und / oder lassen sich vom Anlieferer den Mangel bestätigen.

b) Ja, da es sich um einen versteckten Mangel handelt. Er ist sofort nach der Entdeckung zu rügen, spätestens aber innerhalb von 2 Jahren.

Aufgabe 3: 1c, 2d, 3a, 4d, 5b

Aufgabe 4:

a) Die Gerhard Thomsen Einzelhandel OHG geht 30 Tage nach Fälligkeit oder Zugang der Rechnung in Zahlungsverzug, da es sich um einen zweiseitigen Handelskauf handelt. Unternehmen als Schuldner brauchen nicht auf die 30-Tage-Frist hingewiesen zu werden.

b) Rechtsgeschäfte mit Nichtverbrauchern: Basiszinssatz + 9,00 %-Punkte.

(Der Basiszinssatz wird von der Deutschen Bundesbank zum 1. Januar und zum 1. Juli eines jeden Jahres - angepasst an die Kapitalmarktentwicklung - neu festgelegt.)

Aufgabe 5: Der Widerruf ist innerhalb von 14 Tagen ohne Angabe von Gründen möglich.

Aufgabe 6:

a) Der Verbrauchsgüterkauf ist im deutschen Schuldrecht der Verkauf einer beweglichen Sache durch einen Unternehmer als Verkäufer an einen Verbraucher (Privatperson) als Käufer.

b) Die Rechte des Käufers beim Verbrauchsgüterkauf sind geregelt im BGB.

Offene Mängel sind sofort zu rügen. Der Käufer kann Nacherfüllung verlangen

und kann wählen zwischen Nachbesserung und Ersatzlieferung.

c) Tritt beim Verbrauchsgüterkauf innerhalb der ersten sechs Monate ab Übergabe ein Sachmangel auf, so ist immer davon auszugehen, dass die Sache bereits beim Kauf mangelhaft war (Beweislastumkehr nach § 476 BGB). Nach diesem Zeitraum von 6 Monaten liegt dann die Beweislast beim Käufer.

Aufgabe 7:

Gewährleistung: Gesetzliche Verpflichtung des Verkäufers, die Kaufsache in fehlerfreiem Zustand zu übergeben. Auftretende Fehler berechtigen den Käufer, sog. Rechte auf Nacherfüllung (z. B. Reparatur) geltend zu machen. Die Gewährleistungsfrist beträgt innerhalb der EU 2 Jahre ab Übergabe.
Garantie: Freiwilliges Versprechen eines Verkäufers, für bestimmte Fehler einzustehen und diese nachzubessern. Im Unterschied zur Gewährleistung bezieht sich die Garantie auch auf Fehler, die erst nach der Übergabe auftreten.
Kulanz: Entgegenkommen des Verkäufers bei auftretenden Mängeln nach Ablauf einer Gewährleistungs- / Garantiezeit, z. B. Beteiligung an Reparaturen.

D. BGB Sachenrecht

Aufgabe 1
In Kaufverträgen ist häufig folgender Satz zu finden: „Die Ware bleibt bis zur vollständigen Bezahlung Eigentum des Verkäufers".

a) Welche Auswirkungen hat diese Klausel?

b) Erklären Sie den Unterschied zwischen Eigentum und Besitz.

Aufgabe 2
Peter Sessmann ist Inhaber des gleichnamigen Hotels im Schwarzwald. Er plant die Anschaffung von 4 neuen Backöfen im Gesamtwert von 45.000,00 €. Als Nutzungsdauer der neuen Öfen sind 8 Jahre vorgesehen.

a) Was ist allgemein unter Kreditfähigkeit zu verstehen?

b) Welche Voraussetzungen müssen bei natürlichen Personen gegeben sein, um rechtsverbindlich Kreditverträge abschließen zu können?

c) Erklären Sie Peter Sessmann, wie eine Besicherung (Sicherungsübereignung) der neuen Öfen durch die Bank ablaufen würde.

Aufgabe 3
Was ist der Unterschied zwischen einer selbstschuldnerischen Bürgschaft und einer Ausfallbürgschaft?

Aufgabe 4
Ordnen Sie folgende Begriffe richtig zu.

1. Kontokorrentkredit	a) Kredit gegen Verpfändung von Werten des Umlaufvermögens.
2. Zession	b) Der Lieferant gewährt uns Zielzahlung.
3. Lombardkredit	c) Überziehungskredit des Girokontos bis zu einem bestimmten Betrag.
4. Lieferantenkredit	d) Die ausstehenden Forderungen an Kunden werden verkauft.
5. Factoring	e) Abtretung einer Forderung an eine Bank zur Sicherung eines Kredits.
	f) Verkauf eines Besitzwechsels vor Fälligkeit an die Bank.

Aufgabe 5
Nach 5 Jahren stetig sinkender Umsätze gerät Roger Balzer mit seiner Firma Gastronomiemöbel Balzer in Köln immer weiter in wirtschaftliche Schwierigkeiten.

a) Nennen Sie 3 innerbetriebliche und 3 außerbetriebliche Gründe, die dazu geführt haben können.

b) Roger Balzer strebt eine freiwillige Sanierung an. Was ist darunter zu verstehen?

c) Leider sind die Bemühungen zur Erhaltung der Firma nicht erfolgreich. Wer kann einen Antrag auf Eröffnung des Insolvenzverfahrens stellen?

d) Welches Gericht ist zuständig?

e) Erklären Sie folgende Begriffe aus dem Insolvenzrecht.

Insolvenzquote	Aussonderung	Absonderung

Lösungen zu Aufgabenblock D

Aufgabe 1:

a) Der Verkäufer bleibt Eigentümer der Ware, der Käufer lediglich Besitzer.
Wenn der Käufer seinen Zahlungsverpflichtungen nicht nachkommt, kann der Verkäufer die Herausgabe der Ware nach einer Nachfrist verlangen.

b) Der Eigentümer hat die rechtliche Herrschaft über eine Sache, z. B. die Leihwagenfirma.
Der Besitzer hat die tatsächliche Herrschaft einer Sache, z. B. der Mieter des Leihwagens.

Aufgabe 2:

a) Unter Kreditfähigkeit versteht man die Fähigkeit einer natürlichen Person oder juristischen Person, rechtswirksam Kreditverträge abschließen zu können.

b) Natürliche Personen müssen volljährig sein, um rechtsverbindlich Kreditverträge abschließen zu können. Sie dürfen nicht unter Betreuung stehen und es darf kein Einwilligungsvorbehalt in finanziellen Angelegenheiten angeordnet sein.

c) Die Sicherungsübereignung erfolgt durch Einigung und Besitzkonstitut nach § 930 BGB. Die Übergabe der Backöfen wird durch einen Vertrag ersetzt, in dem die Öfen genau beschrieben werden (Hersteller, Typennr. , Ofennr. ...), um sie von weiteren Öfen / Maschinen des Hotels zu unterscheiden. Die betreffenden Öfen können auch markiert werden (Markierungsvertrag).

Aufgabe 3:

Selbstschuldnerischen Bürgschaft: Der Bürge verzichtet auf die Einrede der Vorausklage, das heißt, er kann in Anspruch genommen werden, ohne dass vom Hauptschuldner die Zahlungsunfähigkeit feststehen muss.

Ausfallbürgschaft: Der Bürge wird erst herangezogen, wenn alle rechtlichen Mittel gegen den Schuldner ausgeschöpft sind.

Aufgabe 4: 1c, 2e, 3a, 4b, 5d

Aufgabe 5:

a)

Innerbetrieblich Gründe:
Mangelhafte Planung (Sortimentsgestaltung).
Hohe Privatentnahmen durch unrealistischen Lebensstil.
Unpassende Finanzierung, z. B. kurzfristig finanziertes Anlagevermögen.
Kein oder schlechtes Controlling.
Außerbetriebliche Gründe:
Veränderung des Marktes, z. B. starke Verlagerung ins Internet.
Rückgang der Nachfrage, z. B. durch eine Rezession (Arbeitslosigkeit).
Zunahme der Mitbewerber in der Region.
Starke Steigerung der Einkaufspreise / Verschlechterung der Konditionen.

b) Es werden Maßnahmen zur Wiederherstellung einer tragfähigen wirtschaftlichen Grundlage für das Unternehmen ergriffen. Die Sanierung umfasst alle betriebswirtschaftlichen, steuerlichen und rechtlichen Maßnahmen, um die Probleme des Betriebes zu bewältigen. Dies geschieht ohne Einschaltung eines Gerichtes.

c) Der Antrag auf Eröffnung des Insolvenzverfahrens kann vom Schuldner oder einem Gläubiger gestellt werden.

d) Zuständig ist das Amtsgericht als Insolvenzgericht in dem Ort, in welchem der Schuldner seinen allgemeinen Gerichtsstand hat. In diesem Fall wäre es das Amtsgericht in Köln.

e)

Insolvenzquote:	Sie sagt aus, wie viel Prozent jeder Gläubiger auf den festgestellten Anteil der von ihm angemeldeten Forderung erhält. Beispiel: Ein Gläubiger hat eine festgestellte Forderung von 1000,00 €. Bei einer Insolvenzquote von 20 % erhält er somit 200,00 €
Aussonderung:	Entnahme von Sachen oder Rechten aus der Insolvenzmasse auf Verlangen eines Berechtigten.
Absonderung:	Gesonderte Befriedigung eines Insolvenzgläubigers außerhalb des eigentlichen Insolvenzverfahrens aufgrund eines ihm zustehenden Sicherungsrechts.

E. Handelsgesetzbuch

Aufgabe 1
Linda Morel, Esra Müller und Fenja Schult möchten zusammen ein Unternehmen als OHG gründen. Linda bringt 50.000,00 €, Esra 30.000,00 € und Fenja 80.000,00 € ein.

Auszug Handelsgesetzbuch § 121 (1) Von dem Jahresgewinne gebührt jedem Gesellschafter zunächst ein Anteil in Höhe von vier vom Hundert seines Kapitalanteils. Reicht der Jahresgewinn hierzu nicht aus, so bestimmen sich die Anteile nach einem entsprechend niedrigeren Satz. (2) (...) (3) Derjenige Teil des Jahresgewinns, welcher die nach den Absätzen 1 und 2 zu berechnenden Gewinnanteile übersteigt, sowie der Verlust eines Geschäftsjahrs wird unter die Gesellschafter nach Köpfen verteilt.

a) Wie wäre die Gewinnverteilung nach dem HGB, wenn mit einem Gewinn von 81.400,00 € im ersten Jahr gerechnet wird?

b) Wie wäre ein Verlust von 30.000,00 € zu verteilen?

c) Linda Morel möchte wissen, ob sie auch allein Entscheidungen für das Unternehmen treffen kann?

d) Ist eine Eintragung ins Handelsregister für eine OHG notwendig?

e) Eine Eintragung ins Handelsregister kann konstitutiv oder deklaratorisch sein.
Erklären Sie kurz die beiden Begriffe.

f) Esra Müller möchte sich über einen Mitbewerber, die DeLoWa OHG, im Handelsregister informieren. Nennen Sie 5 Informationen, die sie dem Handelsregister entnehmen kann.

Aufgabe 2
Erklären Sie kurz die Begriffe Istkaufmann, Kannkaufmann und Formkaufmann.

Aufgabe 3
Wie ist das Handelsregister aufgebaut?

Aufgabe 4
Für die Kaufhausrestaurant-Filiale in Neustadt hat Peter Portelmann einen neuen Mitarbeiter, Wolfgang Peters, eingestellt. Dieser soll die Filiale leiten. Welche Vollmacht müsste Wolfgang Peters hierfür haben?

Aufgabe 5
Nennen Sie den Unterschied zwischen einem Handelsvertreter und einem Handelsmakler.

Lösungen zu Aufgabenblock E

Aufgabe 1:

a) Linda Morel: 50.000,00 € x 4 % = 2000,00 € Verzinsung Gewinn
Esra Müller: 30.000,00 € x 4 % = 1200,00 € Verzinsung Gewinn
Fenja Schult: 80.000,00 € x 4 % = 3200,00 € Verzinsung Gewinn

Gewinn	81.400,00 €
- Verzinsung nach HGB	6.400,00 €
	75.000,00 € : 3 = 25.000,00 € Gewinn pro Kopf

	Linda Morel	Esra Müller	Fenja Schult
Verzinsung Gewinn	2000,00 €	1200,00 €	3200,00 €
Gewinn nach Köpfen	25.000,00 €	25.000,00 €	25.000,00 €
Gesamtgewinn	**27.000,00 €**	**26.200,00 €**	**28.200,00 €**

b) Ein Verlust wäre nach dem HGB nach Köpfen zu verteilen.
30.000,00 € : 3 Gesellschafterinnen = **10.000,00 € pro Kopf**

c) Es gilt der Grundsatz der Einzelgeschäftsführung. Hiernach darf jeder Gesellschafter ohne Mitwirkung seiner Mitgesellschafter die Geschäfte der OHG führen.

d) Gemäß § 106 HGB müssen die Gesellschafter ihre OHG in das Handelsregister eintragen lassen. Dies ist bei dem Amtsgericht möglich, in dessen Bezirk sich der Sitz der OHG befindet.

e)
Konstitutiv: Erst durch die Eintragung ins Handelsregister wird die Tatsache rechtswirksam, z. B. Rechtsfähigkeit bei einer Kapitalgesellschaft.

Deklaratorisch: Ein bestehender Rechtszustand wird öffentlich bekannt gemacht, z. B. Widerruf einer Prokura.

f)
- ✓ Sitz des Unternehmens
- ✓ Gegenstand des Unternehmens (bei Kapitalgesellschaften)
- ✓ Stammkapital (bei Kapitalgesellschaften)
- ✓ Gesetzliche Vertreter (z. B. Geschäftsführer, Inhaber)
- ✓ Evtl. Prokuren sowie die Vertretungsmacht (Einzel- oder Gesamtvertretung) der Gesellschafter (bei OHG und KG) und der Geschäftsführer bzw. Prokuristen.

Aufgabe 2:

Istkaufmann:	Kaufmann kraft Handelsgewerbe nach §1 HGB.
Kannkaufmann:	Kaufmann kraft freiwilliger Eintragung ins Handelsregister nach §2 HGB.
Formkaufmann:	Kaufmann kraft Rechtsform. Hierzu zählen fast alle Gesellschaftsformen, Ausnahme: GbR (Gesellschaft bürgerlichen Rechts)

Aufgabe 3: Das Register selbst besteht aus den Abteilungen, A (HRA) und B (HRB). In Abteilung A werden Einzelunternehmen, rechtsfähige Vereine und Personengesellschaften erfasst. Abteilung B ist für Kapitalgesellschaften.

Aufgabe 4: Wolfgang Peters müsste eine „Allgemeine Handlungsvollmacht" bekommen. Sie berechtigt zu allen Geschäften, die im Unternehmen üblich sind. Ausgenommen sind somit Geschäfte, die unüblich sind.

Aufgabe 5: Der Handelsvertreter wird durch ein Unternehmen dauerhaft beauftragt, für ihn Geschäfte zu vermitteln.

Beim Handelsmakler fehlt die dauernde Beauftragung durch ein bestimmtes Unternehmen. Er sieht die Sache auch aus Kundensicht und ist somit eher unparteiisch.

F. Arbeitsvertragsrecht

Aufgabe 1
Sonja Glücklich ist sich mit ihrem neuen Arbeitgeber einig. Sie fängt in 2 Monaten ihre neue Stelle als Restaurantfachfrau im Hotel Großhans in Nürnberg an.

a) Kann ein Arbeitsvertrag auch mündlich abgeschlossen werden?

b) Wie lange darf die Probezeit höchstens sein?

c) Unter welchen Bedingungen hat Frau Glücklich Anspruch auf Tariflohn?

d) Was ist unter einer Betriebsvereinbarung zu verstehen?

e) Erklären Sie den Begriff „Betriebliche Übung".

Aufgabe 2
Erklären Sie kurz folgende Begriffe: Fürsorgepflicht des Arbeitgebers, Treuepflicht des Arbeitnehmers und Wettbewerbsverbot des Arbeitnehmers.

Aufgabe 3
Petra Holiday hat am 01.04. ihre neue Stelle angetreten. Sie möchte in den Sommerferien 5 Wochen mit ihrem Freund nach Australien. Kann Petra Holiday von ihrem Arbeitsgeber verlangen, ihr diesen Urlaub zu gewähren? Was sagen die entsprechenden gesetzlichen Regelungen dazu?

Aufgabe 4
Selma Bader erhält von ihrem Arbeitgeber nach 18-monatiger Betriebszugehörigkeit die Kündigung.

a) Wie lautet die gesetzliche Kündigungsfrist?

b) Ist eine bestimmte Form bei einer ordentlichen Kündigung einzuhalten?

c) Was ist unter einem Aufhebungsvertrag zur Beendigung eines Arbeitsverhältnisses zu verstehen?

d) Die Mitarbeiterin verlangt ein qualifiziertes Zeugnis. Welche Bestandteile müssen zusätzlich zu einem einfachen Zeugnis vorhanden sein?

e) In welchen Fällen kann es zu einer außerordentlichen (fristlosen) Kündigung kommen?

Aufgabe 5
Sophie Müller erhält von ihrem Betrieb die Kündigung und möchte gerichtlich dagegen vorgehen.

a) Welches Gericht ist zuständig?

b) Sind Fristen bei der Einreichung der Klage zu beachten?

c) Ergänzen Sie nachfolgenden Lückentext zur Arbeitsgerichtsbarkeit.

Das Verfahren vor dem Arbeitsgericht wird grundsätzlich mit einem ……………………

vor dem Kammervorsitzenden ohne Hinzuziehung der ehrenamtlichen ……….……….

eingeleitet. Dieser Termin soll kurzfristig nach Einreichung der Klage stattfinden.

Vor dem Arbeitsgericht besteht in erster Instanz kein ……………………………..

Die Parteien können sich auch durch die Gewerkschaft oder aber Arbeitgeberverbände

vertreten lassen. Gegen die Urteile des Arbeitsgerichts im Urteilsverfahren ist das

Rechtsmittel der ..………………… zulässig, wenn der Streitwert den Betrag von

600,00 Euro übersteigt oder das Arbeitsgericht sie zugelassen hat. Die Berufung wird

vor dem ………………..……………….…verhandelt. Gegen Urteile des Landes-

arbeitsgerichts ist das Rechtsmittel die Revision zum ……………….……………...

Lösungen zu Aufgabenblock F

Aufgabe 1:

a) Grundsätzlich sind mündlich abgeschlossene Arbeitsverträge wirksam, da sie zu ihrer Wirksamkeit nicht der Schriftform bedürfen.

b) Die Probezeit beträgt allgemein 3 Monate. Sie kann auf maximal 6 Monate erweitert werden.

c) Anspruch besteht, wenn Arbeitgeber und Arbeitnehmer Mitglieder in den entsprechenden Tarifvertragsparteien sind (Gewerkschaft und Arbeitgeberverband) oder wenn der Tarifvertrag für allgemein verbindlich erklärt wurde.

d) Die Betriebsvereinbarung ist ein Vertrag zwischen Arbeitgeber und Betriebsrat, der verbindliche Normen für alle Arbeitnehmer eines Betriebes formuliert. Er ist ein „Tarifvertrag für den Betrieb".

e) Als betriebliche Übung (Betriebsübung) bezeichnet man im Arbeitsrecht den Umstand, dass ein Arbeitnehmer aus der regelmäßigen Wiederholung bestimmter Verhaltensweisen des Arbeitgebers zu Recht ableiten darf, dass diese Leistungen und Vergünstigungen auch in Zukunft gewährt werden. Beispiele: Weihnachtsgeld, Urlaubsgeld, Prämien, Fahrtkostenzuschüsse.

Aufgabe 2:

Fürsorgepflicht des Arbeitgebers: Der Arbeitgeber ist danach gehalten, Arbeitsbedingungen zu schaffen, die jeden Beschäftigten vor Gefahren für Leib, Leben und Gesundheit schützen.
Treuepflicht des Arbeitnehmers: Der Arbeitnehmer hat seine Arbeitsleistung für die Interessen seines Arbeitgebers und des Betriebes einzusetzen und alles zu unterlassen, was diese Interessen beeinträchtigen könnte.
Wettbewerbsverbot des Arbeitnehmers: Während Arbeitnehmer für ihren Arbeitgeber arbeiten, dürfen sie nicht selbst oder für Dritte in derselben Branche tätig werden.

Aufgabe 3: Der volle Urlaubsanspruch besteht nach dem Bundesurlaubsgesetz erst nach einer Beschäftigungszeit von 6 Monaten. Sie hat somit erst ab 01.10. darauf Anspruch.

Laut Gesetz besteht ein Mindesturlaubsanspruch von 24 Werktagen (20 Arbeitstagen) für ein Jahr. Petra Holiday hätte somit für 9 Monate einen Urlaubsanspruch von 18 Werktagen = 3 Wochen.

Aufgabe 4:

a) Die gesetzliche Kündigungsfrist beträgt 4 Wochen zum 15. eines Monats oder zum Monatsende.

b) Es ist die Schriftform vorgeschrieben.

c) Durch einen Aufhebungsvertrag wird das Arbeitsverhältnis einvernehmlich beendet. So kann ein Arbeitsvertrag ohne Einhaltung von Fristen beendet werden. Der Arbeitgeber braucht keine Kündigungsschutzbestimmungen zu beachten. Er hat zum Beispiel keine Sozialauswahl durchzuführen. Zum Ausgleich für den Verlust des Arbeitsplatzes werden in Aufhebungsverträgen oft Abfindungszahlungen durch den Arbeitgeber an den Arbeitnehmer vereinbart.

d) Ein qualifiziertes Zeugnis enthält zusätzlich Angaben über Leistung und Führung des Arbeitnehmers.

e) Eine außerordentliche (fristlose) Kündigung kann nur aus wichtigem Grund erfolgen. Ein wichtiger Grund liegt vor, wenn dem Kündigenden unter Berücksichtigung aller Umstände des Einzelfalls und unter Abwägung der beiderseitigen Interessen die Fortsetzung des Vertragsverhältnisses bis zur vereinbarten Beendigung oder bis zum Ablauf einer Kündigungsfrist unzumutbar ist.

Wichtige Gründe können sein: Diebstahl, Untreue, Körperverletzung, grobe Beleidigung, Arbeitsverweigerung, …

Aufgabe 5:

a) Zuständig ist das Arbeitsgericht am Sitz des Arbeitgebers.

b) Sophie Müller muss innerhalb von 3 Wochen nach Zugang der Kündigung Kündigungsschutzklage erheben.

c) Das Verfahren vor dem Arbeitsgericht wird grundsätzlich mit einem *Gütetermin* vor dem Kammervorsitzenden ohne Hinzuziehung der ehrenamtlichen *Richter* eingeleitet. Dieser Termin soll kurzfristig nach Einreichung der Klage stattfinden. Vor dem Arbeitsgericht besteht in erster Instanz kein *Anwaltszwang*. Die Parteien können sich auch durch die Gewerkschaft oder aber Arbeitgeberverbände vertreten lassen. Gegen die Urteile des Arbeitsgerichts im Urteilsverfahren ist das Rechtsmittel der *Berufung* zulässig, wenn der Streitwert den Betrag von 600,00 Euro übersteigt oder das Arbeitsgericht sie zugelassen hat. Die Berufung wird vor dem *Landesarbeitsgericht* verhandelt. Gegen Urteile des Landesarbeitsgerichts ist das Rechtsmittel die Revision zum *Bundesarbeitsgericht*.

G. Betriebsverfassungsgesetz

Aufgabe 1
Für den nächsten Monat hat die zuständige Gewerkschaft Maßnahmen angekündigt, um die Arbeitsbedingungen für die Mitglieder zu verbessern.

a) In welchem Gesetz wird das Tarifrecht geregelt?

b) Unterscheiden Sie Manteltarifvertrag und Lohntarifvertrag.

c) Erklären Sie folgende Begriffe:

Urabstimmung	Schlichtung	Aussperrung	Friedenspflicht

d) Grenzen Sie die Begriffe „individuelles Arbeitsrecht“ und „kollektives Arbeitsrecht“ voneinander ab.

Aufgabe 2
Wer wählt den Betriebsrat und die Jugend- und Auszubildendenvertretung?

Aufgabe 3
Nennen Sie 5 Aufgaben des Betriebsrats.

Aufgabe 4
Beurteilen Sie die Rechte des Betriebsrates in folgenden Fällen:

a) Einem Arbeitnehmer wird fristgerecht gekündigt.

b) Bei der Nordost Catering GmbH & Co. KG wird ein neuer Prokurist eingestellt.

c) Die tägliche Arbeitszeit soll um eine Stunde nach hinten verlegt werden.

d) Auf dem Grundstück soll ein Rauchverbot eingeführt werden.

e) Die Merkur Küchentechnik AG beschließt, ein neues Produkt zu entwickeln und auf den Markt zu bringen.

Aufgabe 5
Nennen Sie 5 Personengruppen, die einen „besonderen Kündigungsschutz“ haben.

Lösungen zu Aufgabenblock G

Aufgabe 1:

a) Das Tarifrecht ist im Tarifvertragsgesetz geregelt.

b) Im **Manteltarifvertrag** stehen längerfristige, allgemeine Regelungen, die häufig auch für einen größeren Personenkreis gelten. Laufzeit: Mehrere Jahre.

Beispiele: Dauer des Urlaubes, Einstellungs- und Kündigungsbedingungen, Arbeitszeitregelungen, Regelungen zu Krankheit, Krankmeldung und Lohnfortzahlung, vermögenswirksame Leistungen, …

Im **Lohntarifvertrag** ist die Höhe des Lohnes der einzelnen Tarifgruppen geregelt, sowie die Ausbildungsvergütungen. Laufzeit: Meist 1 - 2 Jahre.

c)

Urabstimmung:	Mitgliederbefragung der Gewerkschaft vor einem Streik. Wenn mindestens 75 % der Gewerkschaftsmitglieder für einen Streik stimmen, darf gestreikt werden.
Schlichtung:	Vermittlungsbemühungen durch eine unabhängige, unparteiische Person (Schlichter).
Aussperrung:	Mögliches Vorgehen / Antwort der Arbeitgeber auf einen Streik. Arbeitnehmer werden von der Arbeit ausgeschlossen.
Friedenspflicht:	Während der Laufzeit eines Tarifvertrages und während einer Schlichtung dürfen keine Arbeitskampfmaßnahmen durchgeführt werden.

d)

Individuelles Arbeitsrecht: Arbeitsbedingungen werden zwischen Arbeitgeber und Arbeitnehmer direkt ausgehandelt.

Kollektives Arbeitsrecht: Arbeitsbedingungen werden durch eine Interessenvertretung ausgehandelt (z. B. Gewerkschaften für eine Branche im Tarifbezirk).

Aufgabe 2:

Betriebsrat	Jugend- und Auszubildendenvertretung
Alle Arbeitnehmer über 18 Jahre sind wahlberechtigt.	Alle jugendlichen Arbeitnehmer (unter 18 Jahre) sowie alle Auszubildenden (unabhängig vom Alter) sind wahlberechtigt.

Aufgabe 3:

Aufgaben des Betriebsrats sind:
• Überwachung der Einhaltung geltender Gesetze, Verordnungen, Unfallverhütungsvorschriften, Betriebsvereinbarungen.
• Vertretung der Belange von Arbeitnehmern gegenüber dem Arbeitgeber.
• Anregungen und Vorschläge entgegen nehmen und bearbeiten.
• Unterstützung und Förderung von Schwerbehinderten und sonstiger Schutzbedürftiger.
• Vorbereitung und Wahl der Jugend- und Auszubildendenvertretung.
• Gleichberechtigung zwischen Mann und Frau sicherzustellen.
• Vereinbarkeit von Familie und Beruf voranzutreiben.

Aufgabe 4:

a) Der Betriebsrat hat ein **Anhörungsrecht**. Der Arbeitgeber hat ihm die Gründe für die Kündigung mitzuteilen. Eine Kündigung ohne vorherige Anhörung des Betriebsrats ist unwirksam.

b) Bei der Einstellung eines leitenden Mitarbeiters braucht der Betriebsrat nur informiert zu werden = **Informationsrecht**.

c) Es handelt sich um eine soziale Angelegenheit. Hier hat der Betriebsrat ein **Mitbestimmungsrecht**. Ohne seine Zustimmung kann die Arbeitszeit nicht verlegt werden.

d) Es handelt sich um eine soziale Angelegenheit. Hier hat der Betriebsrat ein **Mitbestimmungsrecht**. Ohne seine Zustimmung kann das Rauchverbot auf dem Grundstück nicht durchgesetzt werden.

e) Hier handelt es sich um eine wirtschaftliche Angelegenheit. Somit hat der Betriebsrat nur ein **Informationsrecht**.

Aufgabe 5:

Einen **„besonderen Kündigungsschutz“** haben:

✓ Betriebsratsmitglieder
✓ Wahlvorstände und Wahlbewerber bei Betriebsratswahlen
✓ Schwangere und Mütter bis vier Monate nach der Entbindung
✓ Mütter und Väter während der Elternzeit
✓ Auszubildende (nach der Probezeit)
✓ Schwerbehinderte

H. Grundlegende arbeitsrechtliche Vorschriften

Aufgabe 1
Sie sind für den Dienstplan der Mitarbeiter/-innen im Hotel Sommernacht zuständig.

Auszug aus dem Arbeitszeitgesetz (ArbZG) - § 4 Ruhepausen
Die Arbeit ist durch im Voraus feststehende Ruhepausen von mindestens 30 Minuten bei einer Arbeitszeit von mehr als sechs bis zu neun Stunden und 45 Minuten bei einer Arbeitszeit von mehr als neun Stunden insgesamt zu unterbrechen. Die Ruhepausen nach Satz 1 können in Zeitabschnitte von jeweils mindestens 15 Minuten aufgeteilt werden. Länger als sechs Stunden hintereinander dürfen Arbeitnehmer nicht ohne Ruhepause beschäftigt werden. ...

a) Jette Bömer arbeitet in Teilzeit 5 Stunden am Tag als Restaurantfachfrau im Restaurant. Wie hoch ist ihr Pausenanspruch nach dem Arbeitszeitgesetz?

b) Keno Knabel arbeitet Vollzeit 8 Stunden als Koch. Er fängt um 7.30 Uhr an. Wann muss er nach dem Arbeitszeitgesetz spätestens eine Pause machen und wie lang muss diese mindestens sein?

Aufgabe 2
Es wird eine neue Auszubildende eingestellt. Leonie Müller ist 17 Jahre alt und freut sich auf ihre Ausbildung. Der Personalverantwortliche will mit ihr einen Ausbildungsvertrag abschließen.

a) Welche Aufgaben hat die Berufsschule bei einer „Dualen Ausbildung"?

b) Wie lange darf die Probezeit im Berufsausbildungsvertrag nach dem Berufsbildungsgesetz dauern? Ist eine Kündigung in dieser Zeit möglich?

c) Welches ist die „Zuständige Stelle" für die Berufsausbildung im Bereich Hotel & Gastronomie? Nennen Sie 5 Aufgaben dieser Stelle bei der Berufsausbildung.

Aufgabe 3
Frau Klein ist als Reinigungskraft in einem Urlaubshotel beschäftigt. Sie ist schwanger und erwartet im Sommer ihr Kind. Was muss der Arbeitgeber nach dem Mutterschutzgesetz beachten?

1. Werdende Mütter dürfen in den letzten sechs Wochen vor der Entbindung nicht beschäftigt werden, es sei denn, dass sie sich zur Arbeitsleistung ausdrücklich bereit erklären; die Erklärung kann jederzeit widerrufen werden.	a) Richtig
2. Frau Klein darf während der Schwangerschaft nicht stehend arbeiten.	
3. Akkordarbeit ist nur mit Zustimmung der werdenden Mutter erlaubt.	
4. Mütter dürfen bis zum Ablauf von acht Wochen nach der Entbindung nicht beschäftigt werden.	b) Falsch
5. Eine Kündigung ist während der Schwangerschaft und bis zum Ablauf von 4 Monaten nach der Entbindung nicht zulässig.	

Aufgabe 4
Nennen Sie 5 Gesetze / Verordnungen, in denen Arbeitsschutzvorschriften zu finden sind.

Aufgabe 5

> **Auszug aus dem Gesetz zum Schutze der arbeitenden Jugend (Jugendarbeitsschutzgesetz - JArbSchG)**
>
> § 11 Ruhepausen, Aufenthaltsräume
>
> (1) Jugendlichen müssen im Voraus feststehende Ruhepausen von angemessener Dauer gewährt werden. Die Ruhepausen müssen mindestens betragen
>
> 1. 30 Minuten bei einer Arbeitszeit von mehr als viereinhalb bis zu sechs Stunden,
> 2. 60 Minuten bei einer Arbeitszeit von mehr als sechs Stunden.
>
> Als Ruhepause gilt nur eine Arbeitsunterbrechung von mindestens 15 Minuten.
>
> (2) Die Ruhepausen müssen in angemessener zeitlicher Lage gewährt werden, frühestens eine Stunde nach Beginn und spätestens eine Stunde vor Ende der Arbeitszeit. Länger als viereinhalb Stunden hintereinander dürfen Jugendliche nicht ohne Ruhepause beschäftigt werden.
>
> (3) Der Aufenthalt während der Ruhepausen in Arbeitsräumen darf den Jugendlichen nur gestattet werden, wenn die Arbeit in diesen Räumen während dieser Zeit eingestellt ist und auch sonst die notwendige Erholung nicht beeinträchtigt wird.

Max Fiedler ist 17 Jahre und macht eine Ausbildung zum Hotelfachmann und arbeitet zurzeit im Restaurant.

a) Wie hoch ist sein Pausenanspruch während eines 8-Stunden-Tages?

b) Wie lange darf er ohne Pause arbeiten?

c) Der Ausbilder legt seine Pause an das Ende der Arbeitszeit, so dass Max früher gehen kann. Nehmen Sie dazu Stellung.

d) Max soll die Pause im Restaurant an der Bar machen, während die Arbeitskollegen neben ihm weiterarbeiten. Ist das erlaubt?

Aufgabe 6
Der Küchenausstatter Mosel hat 25 Mitarbeiter/-innen.

a) Überprüfen Sie, ob die Pflicht zu Beschäftigung eines Schwerbehinderten besteht?

b) Welche besondere Regelung gilt bei der Kündigung eines Schwerbehinderten durch den Arbeitgeber?

Lösungen zu Aufgabenblock H

Aufgabe 1:

a) Jette Bömer hat keinen Pausenanspruch nach dem Arbeitszeitgesetz. Der besteht erst ab einer Arbeitszeit von 6 Stunden.

b) Keno Knabel muss spätestens um 13.30 Uhr eine Pause machen. Diese Pause muss mindestens 15 Minuten betragen.

Aufgabe 2:

a)

✓ Vermittlung von theoretischen Fachkenntnissen.
✓ Vertiefung der Allgemeinbildung.
✓ Verleihung von Bildungsabschlüssen.

b) Die Probezeit muss mindestens 1 Monat und darf höchstens 4 Monate dauern.
In der Probezeit kann jederzeit und ohne Angabe von Gründen gekündigt werden.

c) Die zuständige Stelle ist die Industrie- und Handelskammer.

Zu den Aufgaben zählen:
Durchführung von Zwischen- und Abschlussprüfungen.
Überwachung der Berufsausbildung sowie der fachlichen und persönlichen Eignung der Ausbilder.
Beraten von Ausbildenden und Auszubildenden sowie Bestellen von Ausbildungsberatern.
Errichten von Prüfungsausschüssen und Erlassen von Prüfungsordnungen.
Führen des Verzeichnisses der Berufsausbildungsverhältnisse (Lehrlingsrolle).
Entscheidungen über Verkürzung oder Verlängerung der Ausbildungszeit sowie über die Zulassung zur Abschlussprüfung.

Aufgabe 3: 1a, 2b, 3b, 4a, 5a

Aufgabe 4:

<table>
<tr><td>Arbeitsschutzgesetz</td><td>Arbeitsstättenverordnung</td><td>Arbeitssicherheitsgesetz</td></tr>
<tr><td colspan="2">Sozialgesetzbuch</td><td>Vorschriften der Berufsgenossenschaften</td></tr>
</table>

Aufgabe 5:

a) Max hat Anspruch auf 60 Minuten Pause.

b) Eine Pause muss spätestens nach viereinhalb Stunden Arbeitszeit erfolgen.

c) Die Pause muss spätestens eine Stunde vor Ende der Arbeitszeit genommen werden. Sie darf somit nicht an das Ende der Arbeitszeit gelegt werden.

d) Nein, das ist nicht erlaubt. Entweder muss Max den Arbeitsraum verlassen oder die Kollegen/-innen müssen während seiner Pause die Arbeit einstellen.

Aufgabe 6:

a) Betriebe mit mindestens 20 Arbeitsplätzen müssen mindestens 5 % Schwerbehinderte beschäftigen. Sollte das nicht der Fall sein, ist eine Ausgleichsabgabe zu zahlen.

b) Eine Kündigung durch den Arbeitgeber ist nur mit vorheriger Zustimmung durch das Integrationsamt möglich.

Das Sozialgesetzbuch IX (**SGB IX**) umfasst die gesetzlichen Regelungen zur Rehabilitation und Teilhabe von Menschen mit Behinderungen.

I. Wettbewerbsrecht und steuerrechtliche Bestimmungen

Aufgabe 1
Durch das Wettbewerbsrecht werden Mitbewerber, Verbraucher, Marktteilnehmer und auch die Allgemeinheit geschützt.

a) Was ist unter Lauterkeitsrecht zu verstehen?

b) Nennen Sie die gesetzliche Grundlage des Lauterkeitsrechts und 3 mögliche Verstöße dagegen.

c) Welche Aufgabe hat das Gesetz gegen Wettbewerbsbeschränkungen (GWB)?

Aufgabe 2
Welche Aufgabe hat die Gewerbeordnung?

Aufgabe 3
Die neu gegründete Dresdner Top Catering GmbH hat sich bisher nur ungenügend mit dem Thema Steuern befasst. Das soll jetzt nachgeholt werden.

a) Welche Steuern können bei Besteuerung der neuen Firma eine Rolle spielen? Nennen Sie 5 Steuerarten.

b) Bei welchen Betrieben fällt Körperschaftssteuer an?

c) Erklären Sie kurz die Begriffe Gewerbesteuermessbetrag und Hebesatz bei der Gewerbesteuer.

d) Unterscheiden Sie Grundsteuer und Grunderwerbssteuer.

e) Für den Angestellten Kevin Neumann fällt Lohnsteuer an. Wer ist Steuerschuldner, Steuerträger und Steuergläubiger in diesem Fall?

f) Wann muss die Top Catering GmbH die Lohnsteuer grundsätzlich melden und abführen?

Aufgabe 4
Torben Yildiz ist Inhaber der Firma Torben Yildiz Gastroservice. Er feiert mit seinen 12 Angestellten in diesem Jahr sein 10jähriges Firmenjubiläum.

a) Nennen Sie Merkmale der Einkommenssteuer.

b) Was bedeutet die Bezeichnung „progressiver Einkommenssteuertarif"?

c) Erklären Sie die Begriffe Freibetrag, Pauschbetrag und Freigrenze.

d) Nach dem Erhalt des Einkommensteuerbescheids entdeckt Torben Yildiz einen Fehler. Was kann er tun?

Aufgabe 5
Sie werden zum Monatsende in der Buchführung eingesetzt, um dort die Abteilung zu unterstützen.

a) Unterscheiden Sie die Begriffe Umsatzsteuervoranmeldung und Umsatzsteuererklärung.

b) Im vorherigen Monat wurden größere Investitionen getätigt. Dadurch lag der Vorsteuerbetrag über dem Betrag der in Rechnung gestellten Umsatzsteuerbeträge. Wie wirkt sich das auf die Zahllast aus?

Lösungen zu Aufgabenblock I

Aufgabe 1:

a) Lauterkeitsrecht ist eine zusammenfassende Bezeichnung für die gesetzlichen Regelungen gegen verschiedene Arten unlauteren Verhaltens im wirtschaftlichen Wettbewerb.

b) Die gesetzliche Grundlage ist das Gesetz gegen den unlauteren Wettbewerb (UWG).

Verstöße gegen das Gesetz gegen den unlauteren Wettbewerb (UWG):
Irreführende Werbung, z. B. unwahre Angaben zu einem Produkt.
Verunglimpfung von Konkurrenzprodukten. Vergleichende Werbung ist allerdings erlaubt.
Belästigung, z. B. durch nicht erwünschte Werbung wie Telefonmarketing ohne vorherige Einwilligung.
Irreführende Herabsetzung von vorher nie existierenden Preisen (Mondpreiswerbung).

c) Es soll den Erhalt eines funktionierenden, störungsfreien und vielseitigen Wettbewerbs sicherstellen. Vor allem der Missbrauch von Marktmacht - z. B. durch Kartelle - soll unterbunden werden.

Aufgabe 2:

Die Gewerbeordnung (GewO) ist die gesetzliche Grundlage für die gewerbsmäßige Ausübung von Tätigkeiten, die selbstständig, regelmäßig und mit der Absicht zur Erzielung eines Ertrages oder eines sonstigen wirtschaftlichen Vorteils betrieben werden.

Grundsätzlich ist das Betreiben eines Gewerbes erwünscht. Notwendig ist daher in der Regel keine Erlaubnis, sondern allein eine Anmeldung. Die Bestimmungen einzelner Gewerbe werden durch die Gewerbeordnung konkretisiert.

Aufgabe 3:

a)

Körperschaftssteuer	Umsatzsteuer	Gewerbesteuer
Grundsteuer	Grunderwerbssteuer	KFZ-Steuer

b) Die Körperschaftsteuer ist die Steuer auf das Einkommen von inländischen juristischen Personen wie beispielsweise Kapitalgesellschaften (z. B. GmbH, AG), Genossenschaften oder Vereinen.

Sie muss jährlich mit der Körperschaftssteuererklärung beim zuständigen Finanzamt gemeldet werden.

c) Das zuständige Finanzamt ermittelt den Gewerbesteuermessbetrag. Der ermittelte Betrag wird an den Steuerpflichtigen und die hebeberechtigte Gemeinde weitergeleitet. Die Gemeinde wendet auf den Betrag einen Hebesatz an und errechnet so die zu zahlende Gewerbesteuer.

Beispiel:
Gewerbesteuermessbetrag: 7200,00 €
Hebesatz der Gemeinde: 440 %
Zu zahlende Gewerbesteuer: 7200,00 € x 4,4 = **31.680 € Gewerbesteuer**

d) Die **Grunderwerbssteuer** fällt nur einmalig bei Erwerb von Grundstücken an. Die Höhe des Steuersatzes beträgt je nach Bundesland 3,5 % bis 6,5 % des Kaufpreises.

Die **Grundsteuer** ist eine jährliche Steuer auf das Eigentum an Grundstücken und deren Bebauung. Die Steuereinnahmen kommen den Gemeinden zugute, welche auch die Höhe der Steuer durch einen Hebesatz festlegen.

e)

Steuerschuldner ist die Top Catering GmbH, da sie die Lohnsteuer an das Finanzamt abführt.

Steuerträger ist Kevin Neumann, weil er letztendlich die Lohnsteuer wirtschaftlich trägt.

Steuergläubiger ist das Finanzamt.

f) Der Arbeitgeber hat grundsätzlich spätestens zum 10. des Folgemonats die Lohnsteuer zu melden und an das Finanzamt abzuführen. Die Lohnsteueranmeldung hat auf elektronischem Wege zu erfolgen.

Ausnahmen gibt es, wenn der Lohnsteuerbetrag im Vorjahr unter einer bestimmten Summe lag. Dann ist eine Meldung im Quartal oder nur eine Jahresmeldung möglich.

Aufgabe 4:

a) Die Einkommensteuer in Deutschland (Abkürzung: ESt) ist eine Steuer, die auf das Einkommen natürlicher Personen erhoben wird.

Merkmale:
Direkte Steuer
Gemeinschaftssteuer
Erhebung für ein Kalenderjahr
Besitzsteuer
Personensteuer

b) Ein höheres Einkommen wird **prozentual** auch höher besteuert.

c)

Freibetrag:	Höhe, bis zu der bestimmte Einkünfte steuerfrei bleiben. Alles, was darüber liegt, muss versteuert werden. Ein Beispiel hierfür ist der Sparerfreibetrag. Beträge, die darüber hinausgehen, müssen versteuert werden.
Pauschbetrag:	Den Pauschbetrag erkennt das Finanzamt ohne Nachweise an. Höhere Kosten müssen belegt werden.
Freigrenze:	Bis zur Freigrenze bleibt der Betrag steuerfrei. Wird die Freigrenze überschritten, so muss der gesamten Betrag versteuern werden.

d) Auf dem Steuerbescheid ist am Ende eine Rechtsbehelfsbelehrung aufgeführt, die erklärt, was zu tun ist.

Torben Yildiz muss schriftlich, elektronisch oder zur Niederschrift Einspruch beim Finanzamt einlegen (§ 357 AO).

Die Frist hierfür beträgt 1 Monat nach Bekanntgabe des Bescheids (§ 355 Abs. 1 AO).

Aufgabe 5:

a) Umsatzsteuererklärung: Erklärung an das Finanzamt für das abgelaufene Kalenderjahr, wieviel Umsatzsteuer (einschließlich abziehbarer Vorsteuer) angefallen ist.

Umsatzsteuervoranmeldung: Die angefallene Umsatzsteuer (einschließlich abziehbarer Vorsteuer) wird monatlich oder vierteljährlich an das Finanzamt gemeldet. Die Zahllast muss bis zum 10. des Folgemonats überwiesen werden.

b) Übersteigt die Vorsteuer die Umsatzsteuer hat das Unternehmen einen Erstattungsanspruch gegenüber dem Finanzamt.

IV. Unternehmensführung

A. Unternehmensleitbild, Planung und Managementsysteme 1

Aufgabe 1
Die Südwest Hotel AG möchte „Corporate Governance“ einführen.

a) Was ist darunter zu verstehen?

b) Nennen Sie 3 mögliche Auswirkungen für Mitarbeiter/-innen des Unternehmens.

c) Erklären Sie den Begriff Compliance.

Aufgabe 2
Die Premium Restaurant GmbH betreibt 4 Restaurants in Hannover, in denen höherwertige Burger mit freundlichem Service angeboten werden. Jetzt soll die Positionierung überprüft werden.

a) Was ist unter Positionierung im Marketing zu verstehen?

b) Was bedeutet eine „emotionale Positionierung“?

c) Erläutern Sie folgende Begriffe aus dem Marketing Bereich:
- Corporate Identity
- Corporate Behaviour
- Corporate Design
- Corporate Communication
- Corporate Language

Aufgabe 3
Jason Rulo ist bei der Sabeto Hotel AG für den Bereich Controlling der Marketingaktivitäten zuständig.

a) Unterscheiden Sie strategisches und operatives Controlling.

b) Nennen Sie 5 Instrumente, die beim operativen Marketingcontrolling angewandt werden.

c) Nennen Sie die 5 Phasen eines Produktlebenszyklus. Beschreiben Sie die Phase „Sättigung“.

Aufgabe 4
Die Küchentechnik Gerner GmbH & Co. KG vertreibt Produkte für Großküchen. Sie erhalten zur weiteren Analyse Verkaufszahlen aus dem Bereich „Kombidämpfer" des eigenen Betriebes und von Mitbewerbern.

	Kombidämpfer groß	Kombidämpfer mittel	Kombidämpfer klein
Eigener Betrieb	83	125	212
Zunussi OHG	102	145	158
Trus Technik GmbH	25	94	105

a) Berechnen Sie die Gesamtmärkte der verschiedenen Kombidämpfer.

b) Berechnen Sie für das eigene Unternehmen die absoluten Marktanteile der verschiedenen Kombidämpfer.

c) Wie hoch ist beim eigenen Unternehmen der relative Marktanteil bei den mittleren Kombidämpfern?

Aufgabe 5
Was ist ein integriertes Managementsystem?

Aufgabe 6
Das Hotel Kaiserhof möchte ein Qualitätsmanagementsystem einführen.

a) Was soll damit erreicht werden? Nennen Sie 5 Ziele.

b) Erklären Sie kurz nachfolgende Begriffe:
- Zertifizierung
- Supply-Chain-Management
- Total-Quality-Management (TQM)
- E-Procurement

Lösungen zu Aufgabenblock A

Aufgabe 1:

a) Corporate Governance (deutsch: Grundsätze der Unternehmensführung) ist der rechtliche und faktische Ordnungsrahmen für die Leitung und Überwachung von Unternehmen zum Wohlwollen aller relevanten Anspruchsgruppen (= Stakeholder).

Der Ordnungsrahmen wird maßgeblich durch Gesetzgeber und Eigentümer bestimmt. Für die Umsetzung ist die Unternehmensführung verantwortlich.

b)

✓ Anständige Arbeitsbedingungen
✓ Vertragsgemäße, ordentliche Bezahlung
✓ Arbeitnehmerrechte werden berücksichtigt.
✓ Informationen und Ressourcen werden zur Verfügung gestellt.

c) Unter Compliance ist die Einhaltung von Gesetzen, Standards, Richtlinien und freiwilligen Kodizes durch Unternehmen zu verstehen.

Aufgabe 2:

a) Die Positionierung bezeichnet das gezielte, planmäßige Schaffen und Herausstellen von Stärken und Qualitäten, durch die sich ein Unternehmen oder Produkt (Marke) klar und positiv von anderen unterscheidet.

b) Bei der emotionalen Positionierung werden ein oder mehrere emotionale Kernelemente / Vorteile für den Kunden rausgestellt.

c)

Corporate Identity:	Unternehmensphilosophie, die in allen Bereichen angewandt wird.

Es können verschiedene Bereiche der Corporate Identity unterschieden:

Corporate Behaviour:	Das Verhalten gegenüber Arbeitskollegen und Außenstehenden (Gästen, Kunden, Lieferanten …) ist freundlich und einheitlich.
Corporate Design:	Erscheinungsbild einer Firma, z. B. Logo und Firmenfarben werden bewusst und häufig verwendet.
Corporate Communication:	Bei unternehmensinterner Kommunikation, Öffentlichkeitsarbeit und bei Anwendung von Werbemaßnahmen soll ein einheitliches Erscheinungs-bild vermittelt und das damit verbundene Image verstärkt werden.
Corporate Language:	Ein gezielter, spezifischer Sprachstil, der im Unternehmen genutzt wird.

Aufgabe 3:

a) Das **strategische Controlling** betrachtet die langfristige Planung und Kontrolle der Erfolgspotenziale eines Unternehmens.

Das **operative Controlling** konzentriert sich auf die kurz- und mittelfristige Planung und Kontrolle.

b)

Soll / Ist – Vergleich	Cashflow	Rentabilität
Break-Even Analyse	Deckungsbeitragsrechnung	Customer Lifetime Value

c)

I. Einführung	II. Wachstum	III. Reife	IV. Sättigung	V. Degeneration

Umsatz und Gewinn gehen zurück. Durch verschiedene Maßnahmen kann versucht werden, mehr Kunden zu gewinnen. Die Sättigungsphase endet, wenn die Umsatzerlöse die Deckungsbeitragsgrenze unterschreiten. Es wird dann kein Gewinn mehr erzielt.

Aufgabe 4:

a)

	Kombidämpfer groß	Kombidämpfer mittel	Kombidämpfer klein
Eigener Betrieb	83	125	212
Zunussi OHG	102	145	158
Trus Technik GmbH	25	94	105
Gesamt:	210	364	475

b)

$$\text{Absoluter Marktanteil} = \frac{\text{Absatzvolumen x 100}}{\text{Marktvolumen}}$$

$$\text{Absoluter Marktanteil Kombidämpfer groß} = \frac{\text{83 Geräte x 100 \%}}{\text{210 Geräte}} = \mathbf{39{,}52\ \%}$$

$$\text{Absoluter Marktanteil Kombidämpfer mittel} = \frac{\text{125 Geräte x 100 \%}}{\text{364 Geräte}} = \mathbf{34{,}34\ \%}$$

$$\text{Absoluter Marktanteil Kombidämpfer klein} = \frac{\text{212 Geräte x 100 \%}}{\text{475 Geräte}} = \mathbf{44{,}63\ \%}$$

c)

$$\text{Relativer Marktanteil} = \frac{\text{Eigener Marktanteil in \% x 100 \%}}{\text{Marktanteil des größten Wettbewerbers in \%}}$$

$$\text{Marktanteil Zunussi OHG (Größter Wettbewerber)} = \frac{\text{145 Geräte x 100 \%}}{\text{364 Geräte}} = \mathbf{39{,}84\ \%}$$

$$\text{Relativer Marktanteil Eigener Betrieb Kombidämpfer mittel} = \frac{\text{34,34 \% x 100 \%}}{\text{39,84 \%}} = \mathbf{86{,}19\ \%}$$

Aufgabe 5: Ein integriertes Managementsystem (IMS) fasst Methoden und Instrumente zur Einhaltung von Anforderungen aus verschiedenen Bereichen (z. B. Qualität, Umwelt- und Arbeitsschutz, Sicherheit) in einer einheitlichen Struktur zusammen.

Aufgabe 6:

a)

Gesteigerte Wirtschaftlichkeit und Rentabilität	Klare Abläufe (Fehlerminimierung)
Kontinuierliche Verbesserung	Einbeziehung der Mitarbeiter (Motivation)
Kundenorientierung	Erhöhung der Sicherheit
Imageverbesserung des Unternehmens	

b)

Zertifizierung: Legt die Mindestanforderungen an ein Qualitätsmanagementsystem fest, die vom Unternehmen umzusetzen sind. Ein wesentlicher Grundsatz der ISO 9001 ist die Prozessorientierung. Ein prozessorientiertes QM-System begleitet alle wesentlichen betrieblichen Prozesse und stellt diese auf den Prüfstand.
Supply-Chain-Management: Bezeichnet die Planung und das Management aller Aufgaben bei Lieferantenwahl, Beschaffung und Umwandlung sowie alle Aufgaben der Logistik. Insbesondere enthält es die Koordinierung und Zusammenarbeit der beteiligten Partner (Wertschöpfungskette).
Total-Quality-Management (TQM): Durchgängige, fortwährende und alle Bereiche einer Unternehmung erfassende, aufzeichnende, sichtende, organisierende und kontrollierende Tätigkeit, die dazu dient, Qualität als Systemziel einzuführen und dauerhaft zu garantieren.
E-Procurement: Beschaffung von Gütern und Dienstleistungen unter Nutzung des Internets sowie anderer Informations- und Kommunikationssysteme.

B. Unternehmensleitbild, Planung und Managementsysteme 2

Aufgabe 1
Wozu wird eine SWOT Analyse angewendet? Welche 4 Kategorien werden dafür in einer Tabelle dargestellt?

Aufgabe 2
Beate Willmer arbeitet in der Zentrale der Seaside Hotel AG mit 12 Hotels.

a) In ihrem Betrieb soll „nachhaltiges Wirtschaften“ verstärkt werden. Was ist damit gemeint? Nennen Sie Beispiele.

b) Was ist unter „Immission“ nach dem Bundes-Immissionsschutzgesetz zu verstehen?

c) Nennen Sie 5 Maßnahmen, wie Umweltschutz in der Verwaltungsabteilung umgesetzt werden kann.

Aufgabe 3
Die Personalverantwortliche Imke Grell stellt fest, dass die Anzahl der Krankschreibungen in den letzten Quartalen gestiegen ist. Sie möchte eine betriebliche Gesundheitsvorsorge implementieren.

a) Welche Vorteile ergeben sich für den Betrieb?

b) Welche Vorteile hat der Arbeitnehmer / die Arbeitnehmerin?

Aufgabe 4
In der strategischen Planung soll Benchmarking eingesetzt werden.

a) Was ist unter Benchmarking zu verstehen?

b) In welche Phasen lässt sich der Ablauf eines Benchmark Prozesses einteilen?

c) Was ist unter internem Benchmarking zu verstehen?

d) Nennen Sie 3 mögliche Probleme / Nachteile von Benchmarking.

e) Im Zuge des Benchmarking Prozesses sollen Balanced Scorecards eingesetzt werden. Was ist darunter zu verstehen?

Lösungen zu Aufgabenblock B

Aufgabe 1: Die SWOT Analyse wird angewandt, um Risiken besser erfassen und bewerten zu können.

Strengths (Stärken)	Weakness (Schwächen)
Opportunities (Chancen)	Threats (Gefahren)

Aufgabe 2:

a) Nachhaltiges Wirtschaften bedeutet, den Betrieb nicht nur wirtschaftlich erfolgreich zu betreiben, sondern auch sozial und ökologisch verantwortlich zu handeln.

Beispiele:
- Verwendung von umweltfreundlichen Produkten.
- Reduzierung des Energieverbrauchs.
- Umweltschonende Produktionsverfahren
- Rationelle Ressourcenverwendung
- Fair Trade

b) Immissionen sind schädliche Umwelteinwirkungen durch Luftverunreinigungen (Staub, Gase), Geräusche (Lärm), Erschütterungen, Licht, Hitze, Strahlen und ähnliche Vorgänge.

c)
- Abfälle trennen (Papier, Kunststoff, Glas, ...).
- Batterien und Akkus fachgerecht entsorgen.
- Moderne Beleuchtungsanlagen einsetzen (LED-Lampen).
- Beleuchtung in leeren Büros / Räumen ausschalten.
- Effizientes Lüften (Stoßlüften).
- Bei Neuanschaffung von Bürogeräten auf die Energieeffizienz achten.

Aufgabe 3:

a)

Sicherung der Arbeitskraft der Mitarbeiter/-innen.
Steigerung der Produktivität.
Motivation der Mitarbeiter/-innen wird erhöht.
Senkung der Kosten, da Personalausfall und Produktionsausfall sinken.
Imagegewinn des Unternehmens.
Pluspunkt bei Ausschreibung offener Vakanzen.

b)

Erhaltung / Verbesserung der Gesundheit.	Lebensqualität wird gesteigert.
Steigerung der Leistungsfähigkeit.	Erhöhung der Arbeitszufriedenheit.
Reduzierung von Stress, Behandlungen und Arztbesuchen.	

Aufgabe 4:

a) Benchmarking ist eine Managementmethode, mit der sich durch zielgerichtete Vergleiche unter mehreren Unternehmen das jeweils beste als Referenz zur Leistungsoptimierung herausfinden lässt.

Dazu ist es notwendig, durch Vergleich bessere Methoden und Praktiken (Best Practice) zu identifizieren, zu verstehen, auf die eigene Situation anzupassen und zu integrieren. Benchmarking ist eine Weiterentwicklung des Betriebsvergleichs.

b)

1. Zielsetzungs-/ Vorbereitungsphase Problemdefinition Suche und Auswahl des Benchmarking-Partners
2. Vergleichsphase (quantitatives Benchmarking) Festlegung eines Kennzahlenrasters zur Leistungsermittlung Erhebung von Daten Analyse und Beurteilung der erhobenen Daten
3. Analysephase (qualitatives Benchmarking) Analysieren der Prozesse oder besten Strategien Ableiten der „Best Practice"
4. Verbesserung und Implementierung Konzeption von Verbesserungsmaßnahmen Implementierung der Verbesserungsmaßnahmen Monitoring zur Ergebnis- und Fortschrittskontrolle

c) Internes Benchmarking findet innerhalb des eigenen Unternehmens statt. Die Daten sind somit meist gut erhältlich.

Beispiele: Welche Abteilung hat die meisten Krankheitstage?
Welche Hotelküche der Hotelkette hat den geringsten Wareneinsatz?
Wie hoch ist der Umsatz pro Mitarbeiter im Restaurant?

d)

- Aktuelle Daten von Mitbewerbern sind oft schwer zu ermitteln.
- Die Vergleichbarkeit der Daten kann schwierig sein.
- Gute Lösungsmöglichkeiten / Vorgehensweisen lassen sich nicht auf das eigene Unternehmen übertragen.
- Vertraulichkeit der Daten muss sichergestellt werden.

e) Balanced Scorecard ist ein Konzept zur Messung, Dokumentation und Steuerung der Aktivitäten eines Unternehmens zu seiner Vision und Strategie. So soll verhindert werden, dass eine kurzfristige Ergebnisorientierung, wie z. B. auf den Jahresgewinn, priorisiert wird.

C. Aufbauorganisation, Ablauforganisation und Wertanalyse 1

Aufgabe 1
Erklären Sie kurz folgende Begriffe aus dem Bereich Organisation.

Improvisation	Disposition	Instanz	Aufgabensynthese

Aufgabe 2
In Ihrem Betrieb soll eine Stellenbeschreibung für eine Position erstellt werden.

a) Nennen Sie 5 Angaben, die in eine Stellenbeschreibung gehören.

b) Nennen Sie 3 Vorteile und 3 Nachteile einer Stellenbeschreibung.

c) Was ist ein Organigramm im Bereich Betriebsorganisation?

Aufgabe 3
Marvin Sager ist als stellvertretender Abteilungsleiter neu in die Firma eingetreten. Er war vorher in einem kleinen Betrieb beschäftigt und hat Fragen zu der Organisation in Ihrem Betrieb, der wesentlich größer ist.

a) Herr Kümmel hat in der Rechtsabteilung eine Stabsstelle. Was bedeutet der Begriff „Stabsstelle“?

b) Was ist das wesentliche Merkmal vom „Einliniensystem“ in der Organisation?

c) Welche Organisationsform wird durch nebenstehendes Diagramm dargestellt?

d) Nennen Sie je 3 Vorteile und 3 Nachteile dieser Organisationsform.

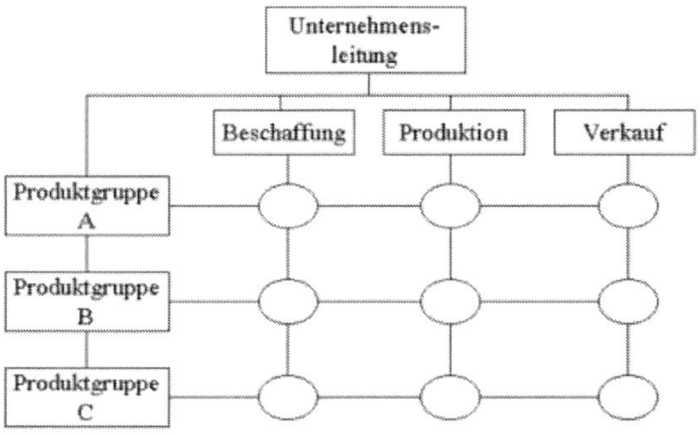

e) Marvin möchte den Begriff „Ablauforganisation“ erklärt bekommen.

f) Was ist unter Lean Management zu verstehen?

Aufgabe 4
Das Hotel Elerti mit Sitz in Köln möchte die strategische Ausrichtung und Organisation überprüfen.

a) Unterscheiden Sie komplementäre, konkurrierende und indifferente Ziele. Geben Sie je ein Beispiel.

b) Was unterscheidet eine zentrale Organisation von einer dezentralen Organisation?

c) Welche Ziele sollen mit einer guten Ablauforganisation erreicht werden?

d) Erklären Sie das Verrichtungsprinzip.

e) Wozu dienen ein Flussdiagramm und die Netzplantechnik?

Lösungen zu Aufgabenblock C

Aufgabe 1:

Improvisation:	Es werden auf plötzlich auftretende Situationen fallweise, ungeplante Regelungen getroffen.
Disposition:	Regelungen, die auf einer vorher festgelegten Vorgehensweise beruhen.
Instanz:	Eine Organisationseinheit im Betrieb (z. B. Stelle oder Abteilung) mit Leitungsverantwortung und Weisungsbefugnis.
Aufgabensynthese:	Die Aufgabensynthese erfolgt auf der Grundlage der Aufgabenanalyse. Sie fasst die Teilaufgaben nach bestimmten Kriterien zusammen und bildet die Grundlagen für die Bildung von Stellen und Abteilungen.

Aufgabe 2:

a)
✓ Einordnung der Stelle in die Unternehmensorganisation
✓ Stellvertretung
✓ Tätigkeitsbeschreibung (Hauptaufgabe, Fachaufgaben, besondere Aufgaben)
✓ Kompetenzen und Pflichten
✓ Anforderungen an den Stelleninhaber (Weiterbildungsmöglichkeiten)
✓ Zusammenarbeit mit anderen Stellen
✓ Leistungskriterien

b)

Vorteile:	**Nachteile:**
- Arbeitsgebiet wird klar dargestellt. - Kompetenzen werden geregelt. - Präzise Stellenausschreibung möglich - Klare Weisungsbefugnisse	- Einengung des Arbeitsgebietes - Überorganisation möglich - Regelmäßige Überarbeitung notwendig - Zeitaufwand für Erstellung

c) Das Organigramm ist eine grafische Darstellung der Aufbauorganisation. Organisatorische Einheiten sowie deren Aufgabenverteilung und Kommunikationsbeziehungen werden ersichtlich.

Aufgabe 3:

a) Eine Stabsstelle ist eine nicht weisungsbefugte Stelle, die meist von Experten besetzt wird. Sie bereiten Entscheidungen vor, die dann von Führungskräften getroffen werden.

b) Beim Einliniensystem gibt es für jede Stelle nur eine übergeordnete Stelle, die Weisungen erteilen darf.

c) Matrixorganisation

d)

Vorteile	Nachteile
- Arbeit im Team - Direkte Kommunikation - Übersichtlich strukturierte Führung - Flache Hierarchie - Gleichberechtigung der verschiedenen Dimensionen	- Viele Experten / Führungskräfte nötig - Starker Kommunikationsbedarf - Zu viele Kompromisse möglich - Konflikte im Team - Keine hohe Transparenz

e) In der Ablauforganisation werden einzelne Arbeitsabläufe geregelt.
Beispiele: Wie werden Beschwerden behandelt? Wie wird Ware aus dem Lager angefordert?

f) Lean Management (Deutsch: Schlankes Management) umfasst alle Methoden, Denkweisen und Werkzeuge, die Unternehmen zur Verfügung stehen, um ihre Prozesse zu verbessern. Durch den Abbau von Hierarchien entsteht mehr Verantwortungsbewusstsein.

Aufgabe 4:

a)

Komplementär: Durch die Erreichung des einen Ziels wird die Erfüllung des anderen Ziels gesteigert. Beispiel: Es werden mehr Verkaufsmitarbeiter eingestellt. Daraufhin erhöht sich der Umsatz.
Konkurrierend: Durch die Erfüllung des einen Ziels wird der Zielerreichungsgrad des zweiten Ziels gemindert. Beispiel: Es sollen die Kosten für Servicepersonal im Restaurant gemindert und gleichzeitig die Servicequalität im Restaurant erhöht werden.
Indifferent: Die Ziele haben keinen Einfluss aufeinander. Beispiel: Die Zufriedenheit der Mitarbeiter/-innen und der Bekanntheitsgrad des Unternehmens sollen gesteigert werden.

b) Bei der zentralen Organisation wird die Unternehmensentscheidung von der Unternehmensleitung (z. B. Hotelleitung) getroffen. Bei der dezentralen Organisation werden untergeordnete Abteilungen einbezogen.

Beispiel: Soll der Dienstplan von der Hotelleitung geschrieben werden oder von der Abteilungsleitung?

c)

Optimieren der Kapazitätsauslastung
Steigerung der Qualität / Verringerung der Fehlerquote
Reduktion der Kosten
Gute Umsetzung von Kundenwünschen
Verringerung von Warte- und Leerzeiten
Erhöhen der Termintreue

d) Das Verrichtungsprinzip gehört zur Ablauforganisation. Es werden gleichartige Verrichtungen zu einer Stelle zusammengefasst.

e) Mit einem **Flussdiagramm** lassen sich Arbeitsabläufe grafisch so darstellen, dass sie schnell und gut verstanden werden können.

Die **Netzplantechnik** verwendet Netzpläne, die eine zeitliche und finale Verkettung von Aktionen beschreibt. Sie findet ihre Anwendung insbesondere in der Terminplanung von größeren Projekten. Da eine Aktivität mehrere Vorgänger- und ggf. auch Nachfolgeaktivitäten haben kann, entsteht so das Bild eines Netzes von Vorgängen.

D. Aufbauorganisation, Ablauforganisation und Wertanalyse 2

Aufgabe 1

Umsatzvergleich

Mitarbeiter/in	Jahr 1	Jahr 2	Jahr 3	Jahr 4	Gesamt	Jahr 1	Jahr 2	Jahr 3	Jahr 4
Bremer, Roger	1.910.359 €	1.900.589 €	1.925.121 €	1.908.624 €	**7.644.693 €**	27,8%	29,0%	27,6%	27,8%
Hase, Anna	1.638.973 €	1.720.921 €	1.789.758 €	1.870.297 €	**7.019.949 €**	23,9%	26,2%	25,6%	27,2%
Kulmatz, Tim	1.578.015 €	1.341.312 €	1.735.816 €	1.590.821 €	**6.245.964 €**	23,0%	20,4%	24,9%	23,1%
Miko, Sönke	1.736.529 €	1.597.606 €	1.533.702 €	1.503.028 €	**6.370.865 €**	25,3%	24,4%	22,0%	21,9%
Gesamt	**6.863.876 €**	**6.560.428 €**	**6.984.397 €**	**6.872.770 €**	**27.281.471 €**	**100,0%**	**100,0%**	**100,0%**	**100,0%**
Veränderung		-303.448 €	423.969 €	-111.627 €					
Veränderung in %		-4,42%	6,46%	-1,60%					

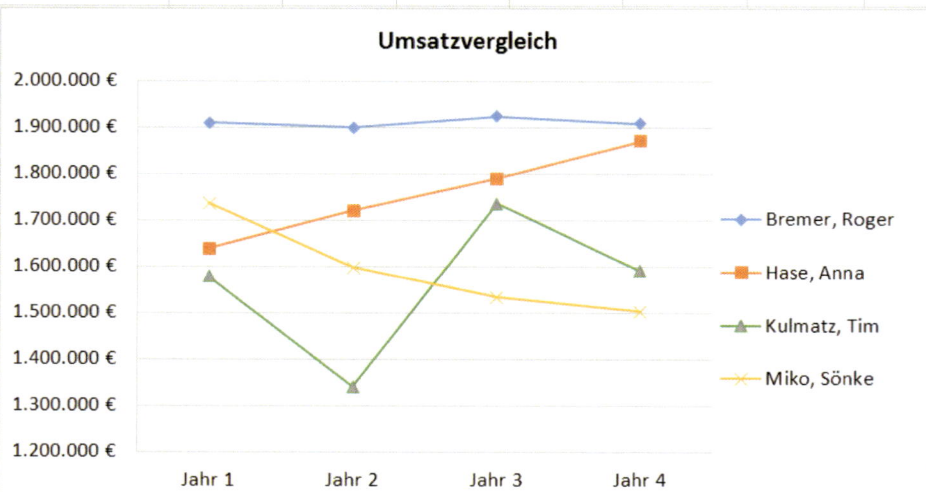

a) Mit welcher Art von Diagramm wird der Umsatz hier grafisch dargestellt?

b) Welche Aussagen zu der Umsatzentwicklung der einzelnen Mitarbeiter/-innen können gemacht werden?

Aufgabe 2

Das Hotel Donaublick möchte herausfinden, ob die Kunden mit den Hotelzimmern und dem Service zufrieden sind.

a) Warum ist eine hohe Kundenzufriedenheit wichtig für ein Unternehmen?
Nennen Sie 4 Folgen.

b) Was ist Customer-Relationship-Management?

c) Wieso ist ein aktives Beschwerdemanagement wichtig?

Aufgabe 3
Im Hotel Petersen sollen Kundeninterviews zur Messung der Kundenzufriedenheit geführt werden.

a) Nennen Sie 6 Regeln, die Sie besonders bei der Eröffnung des Interviews berücksichtigen sollten.

b) Unterscheiden Sie offene und geschlossene Fragen und geben Sie je ein Beispiel.

c) Was ist unter nonverbaler Kommunikation zu verstehen? Nennen Sie die Teilbereiche mit Beispiel.

d) Nennen Sie 3 weitere Methoden zur Messung der Kundenzufriedenheit.

e) Was ist unter „Mystery Research" zu verstehen?

Aufgabe 4
Welches Ziel soll mit einer Wertanalyse erreicht werden?

Aufgabe 5
Nennen Sie betriebliche Statistiken, die als Entscheidungshilfe genutzt werden können.

Lösungen zu Aufgabenblock D

Aufgabe 1:

a) Es handelt sich um ein Liniendiagramm.

b)

Roger Bremer:	Der Umsatz ist über die 4 Jahre sehr konstant. Er erzielt in allen 4 Jahren den höchsten Umsatz.
Anna Hase:	Der Umsatz ist kontinuierlich um 4 % bis 5 % pro Jahr gestiegen.
Tim Kulmatz:	Der Umsatz ist stark schwankend.
Sönke Miko:	Der Umsatz ist von einer recht guten Ausgangsbasis von Jahr zu Jahr gesunken und tendiert gegen 1,5 Mio. Euro.

Aufgabe 2:

a)

✓ Der Kunde empfiehlt das Hotel gerne weiter.
✓ Der Kunde kommt gerne wieder.
✓ Der Verkauf weiterer Dienstleistungen des Unternehmens wird erhöht („Cross-Selling").
✓ Der Kunde ist bereit, für das Produkt / die Dienstleistung einen höheren Preis zu bezahlen.

b) Customer-**R**elationship-**M**anagement (CRM), bezeichnet die konsequente Ausrichtung einer Unternehmung auf ihre Kunden und die systematische Gestaltung der Kundenbeziehungsprozesse.

c) Es liefert wichtige Hinweise auf Stärken und Schwächen eines Unternehmens aus Kundensicht. Da sich die Mehrzahl unzufriedener Kunden ohne weiteren Kontakt von einem Unternehmen abwendet, sind Beschwerden für Unternehmen eine zweite wichtige Chance, den Kunden zufriedenzustellen.

Aufgabe 3:

a)

✓ Führen Sie das Gespräch nicht unter Zeitdruck.
✓ Schaffen Sie eine positive Gesprächsatmosphäre.
✓ Nehmen Sie Blickkontakt auf und stehen Sie gerade.
✓ Begrüßen Sie Ihren Gesprächspartner freundlich mit Namen.
✓ Hören Sie Ihrem Gesprächspartner aufmerksam zu.
✓ Sprechen Sie nicht monoton und betonen Sie Wichtiges (Stimmmodulation).
✓ Halten Sie einen angemessenen Abstand.
✓ Achten Sie auf Ihre und die Körpersprache Ihres Gegenübers.

b)

- Offene Frage: Sie lässt alle möglichen Antworten zu und liefert gute Informationen für den Hotelfachmann. Beispiel: „Was hat Ihnen besonders gefallen an der Tagung?“
- Geschlossene Frage: Sie ist durch eine kurze Antwort oder mit „Ja oder Nein“ zu beantworten. Beispiel: „Waren die Tagungsräume für die Tagung gut geeignet?“

c) Nonverbale Kommunikation ist jegliche Kommunikation, die nicht verbal erfolgt.

Nonverbale Kommunikation - Beispiele	
Mimik:	Freundlicher Gesichtsausdruck, Blickkontakt halten.
Gestik:	Mit offenen Armen auf Kunden zugehen, Hände nicht vor der Brust verschränken, Hände nicht in die Hosentaschen stecken.
Körperhaltung:	Aufrechte, offene Körperhaltung
Abstand:	Persönliche Distanzzone wahren, Abstand ca. 1-2 m

d)

- Fragebogenmethode
- Besuchsberichte
- Multi-Moment Analysen: Beobachtungen werden an mehreren (multi) Zeitpunkten aufgenommen. So werden Zufallsergebnisse vermieden.
- Social Media Auswertungen

e) Geschulte Tester treten verdeckt als normale Gäste auf. Nach einem vorher festgelegten Kriterienkatalog werden verschiedene Aspekte und Situationen festgehalten und bewertet.

Aufgabe 4: Wichtigstes Ziel der Wertanalyse ist die Optimierung des Unternehmensertrages durch beispielsweise einen höheren Gewinn. Dies wird durch kostengünstigere Produkte sowie verbesserte Prozesse und Dienstleistungen erreicht.

Weitere Ziele:

✓ Steigerung der Mitarbeitermotivation
✓ Kreativitätsförderung der Mitarbeiter/-innen
✓ Etablieren von kundenorientiertem Denken

Aufgabe 5:

Absatzstatistik, z. B. Umsatz, Ertrag pro Mitarbeiter, Anteil Speisen und Getränke, …
Beschaffungsstatistik, z. B. Preise, Angebote, Bestellungen, …
Personalstatistik, z. B. Krankheitstage, Fluktuation, Anteil Teilzeitmitarbeiter/-innen, …
Lagerstatistik, z. B. Umschlaghäufigkeit, Schwund, Verderb, …
Finanzstatistik, z. B. Cash-Flow, Kreditaufnahme, Tilgungsleistungen, …

E. Personalführung

Aufgabe 1
Nennen Sie 3 Ziele, die durch eine gute Personalführung erreicht werden sollen.

Aufgabe 2
Der Abteilungsleiter Paul Seiters liebt den Befehlston. Er duldet keine Fragen oder Widerspruch und erwartet Gehorsam.

a) Wie wird dieser Führungsstil genannt?

b) Nennen Sie Vorteile und Nachteile dieses Führungsstiles.

c) Der Befehlston hat zu einer geringeren Motivation der Mitarbeiter/-innen in der Abteilung geführt. Nennen Sie 5 Symptome, die auf eine geringe Motivation schließen lassen.

d) Beschreiben Sie folgende kooperative Führungsstile:

Management by Delegation	Management by Objectives	Management by Exception

e) Wodurch unterscheiden sich zweidimensionale und dreidimensionale Führungsstile?

Aufgabe 3
Die Nordwest Catering AG möchte Führungsgrundsätze implementieren.

a) Welche Inhalte sollten in Führungsgrundsätzen berücksichtigt werden?

b) Nach Erstellung der neuen Führungsgrundsätze sollen diese bei der Nordwest Catering AG eingeführt werden. Nennen Sie 3 unterstützende Maßnahmen.

c) Erklären Sie die SMART-Formel.

Aufgabe 4
Sie haben einen Leitungsposten in der Firma übernommen. Gleichzeitig wurde die Abteilung völlig neu zusammengesetzt, so dass nun langjährige Mitarbeiter/-innen und neu eingestellte Mitarbeiter/-innen zu Ihrem Team gehören.

a) Was sollten Sie in den kommenden Wochen beobachten?

b) Erläutern Sie die Unterschiede zwischen formellen und informellen Gruppen.

c) Sie bemerken, dass sich ihre Abteilung schnell findet und ein Zusammengehörigkeitsgefühl entsteht. Wie lautet der Fachbegriff?

d) Nach einer Besprechung bekommen Sie eine E-mail von einem Mitarbeiter, der Ihnen seine Bedenken bezüglich des in der Besprechung gefassten Beschlusses äußert und unterbreitet Ihnen einen Gegenvorschlag. Sie stellen ihn zur Rede, warum er nicht sofort seine Bedenken geäußert habe. Er begründet sein Schweigen mit Gruppendruck. Was ist damit gemeint und wieso ist das von Nachteil?

Aufgabe 5
Herr Niederschlag ist seit über 10 Jahren im Betrieb. Er brachte sich stets engagiert ein und arbeitete auch zeitweise länger oder an den Wochenenden, wenn die Situation es erforderte. Seit sieben Wochen fällt Ihnen auf, dass Herr Niederschlag sehr auf die Arbeitszeiten achtet, kaum mit den Kollegen gemeinsam Pausen macht, überpünktlich geht und weniger elanvoll seine Arbeit verrichtet, obwohl er gerade erst einen großen Auftrag an Land gezogen hat.

a) Sie bitten Herrn Niederschlag zum Gespräch. Einerseits möchten Sie ihren Dank aussprechen, andererseits auch die Chance nutzen, sich nach den Gründen der Verhaltensänderung zu erkundigen. Um was für ein Gespräch handelt es sich?

b) Trotz der positiven Rückmeldung wirkt Herr Niederschlag weiter geknickt. Wie kann das Gespräch weiter laufen?

c) Endlich bricht Herrn Niederschlag sein Schweigen. Er fühlt sich unterfordert, nach so vielen Jahren auf der gleichen Stelle. Welche Gesprächsform wäre nun angebracht?

Lösungen zu Aufgabenblock E

Aufgabe 1:

- Erhöhung der Selbständigkeit der Mitarbeiter/-innen bei der Arbeitsausführung. Dadurch steigt in der Regel die Motivation, was zu Leistungssteigerungen führt.
- Freistellung der Führungskräfte für echte Führungsaufgaben.
- Entlastung von Routinearbeiten.
- Anpassung an veränderte Bedingungen z. B. Digitalisierung, Nachhaltigkeit.

Aufgabe 2:

a) Autoritärer Führungsstil

b)

Vorteile	**Nachteile**
✓ Schnelle Entscheidung ✓ Schnelle Ausführung	✓ Mitarbeiter werden demotiviert. ✓ Entscheidungsfehler werden gefördert. ✓ Entscheidungen werden nicht getroffen, wenn der Vorgesetzte nicht da ist. (Die Abteilung ist kopflos.)

c)

Negative Meinung zum Betrieb.
Zunahme von Fehlzeiten und Krankschreibungen.
Verweigerung von Leistung (Dienst nach Vorschrift).
Passive oder resignative Ausstrahlung.
Keine Beteiligung an betrieblichen Diskussionen.
Kein Interesse an Weiterbildung oder Aufstiegsmöglichkeiten.

d)

- Management by Delegation: Delegierbare Aufgaben werden von einem Vorgesetzten an einen Mitarbeiter übertragen.
- Management by Objectives: Führen durch die genaue Vorgabe eines Zieles. Diese Ziele sollen durch eigenes Handeln der Mitarbeiter/-innen erreicht werden.
- Management by Exception: Der Vorgesetzte entscheidet nur in Ausnahmefällen und wird somit von Routineaufgaben entlastet.

e) Beim zweidimensionalen Führungsstil werden 2 Aspekte berücksichtigt. Die Führungskraft kann stärker mitarbeiterorientiert oder leistungsorientiert sein (nach Blake und Mouton).

Unter dreidimensionalem Führungsstil wird insbesondere die situative Führung verstanden. Je nach Situation, Führungskraft und den zu führenden Menschen wird der Führungsstil gewählt.

Wenn eine schnelle Entscheidung in einer neu zusammengesetzten Gruppe notwendig ist, kann z. B. ein autoritärer Führungsstil sinnvoll sein. Einer Gruppe mit fähigen und erfahrenen Fachkräften können hingegen komplexe Aufgaben eigenverantwortlich übertragen werden.

Aufgabe 3:

a)

Vertrauen in die Mitarbeiter/-innen.
Wertschätzender und respektvoller Umgang.
Motivation und Orientierung.
Schaffung und Erhaltung eines guten Arbeitsklimas.
Schaffung von Kompetenzen.
Mitsprache und Berücksichtigung der Anregungen von Mitarbeitern / Mitarbeiterinnen.

b)

✓ Aufnahme in das Anforderungsprofil von Führungskräften.
✓ Berücksichtigung der Führungsgrundsätze bei jährlichen (regelmäßigen) Beurteilungen.
✓ Erstellen von Maßnahmen zur Erreichung von Teilzielen.
✓ Umfrage unter den Mitarbeitern über das Führungsverhalten der Vorgesetzten.

c)

Deutsch	**Englisch**	**Beschreibung**
Spezifisch	**S**pecific	Das Ziel wird nicht allgemein formuliert, sondern konkret.
Messbar	**M**easurable	Es soll erkennbar sein, wenn das Ziel erreicht ist (z. B. Senkung der Energiekosten um 15 %).
Aktivierend	**A**ctivating	Das Ziel soll ansprechend, erstrebenswert und auch erreichbar sein.
Realistisch	**R**easonable	Das Ziel muss realistisch sein.
Terminiert	**T**ime-bound	Das Ziel muss bis zu einem bestimmten Termin (Datum) erreicht sein.

Aufgabe 4:

a) Sie sollten die Gruppendynamik verstärkt beobachten.

b)

Formelle Gruppen	Informelle Gruppen
Fest organisiert. Zweckgebunden. Sollen bestimmte Ziele erreichen. „Mitgliedschaft“ ist geregelt.	Spontane Bildung. Ohne bestimmten Zweck. Menschliche Bedürfnisse stehen im Vordergrund. Lose Mitgliedschaft (z.B. Cliquen).

c) Gruppenkohäsion

d) Gruppendruck bedeutet, dass der Einzelne sich der vorherrschenden Meinung einer Gruppe anschließt, obwohl er eine andere Überzeugung vertritt. Angst vor Konflikten könnte ein möglicher Grund hierfür sein. Dadurch können u.a. gute, innovative Ideen unterdrückt und die Dynamik / Interaktion der Gesamtgruppe nicht voll ausgeschöpft werden.

Aufgabe 5:

a) In erster Linie handelt es sich um ein Anerkennungsgespräch. Sie betonen die Leistungen von Herrn Niederschlag und wie zufrieden Sie mit ihm sind.

b) Sie teilen Herrn Niederschlag freundlich Ihre Beobachtung und Besorgnis über seine veränderte Arbeitshaltung mit. Gleichzeitig betonen Sie nochmals Ihre Zufriedenheit über seine langjährige, konstant gute Arbeitsleistung. Sie können ihn offen fragen, ob Sie ihm irgendwie helfen können.

c) Sie vereinbaren mit Herrn Niederschlag einen neuen Termin zu einem Fördergespräch.

F. Personalplanung und Personalbeschaffung

Aufgabe 1
Unterscheiden Sie 4 Arten von Personalbedarf.

Aufgabe 2
Die Feine Salate & Delikatessen GmbH will in 6 Monaten ein eigenes Bistro, ca. 4 km von der Fabrikation entfernt, eröffnen. In diesem Geschäft sollen Artikel aus eigener Herstellung aber auch andere Gerichte auf der Basis frischer Zutaten angeboten werden.

a) Erklären Sie die Begriffe „quantitative Personalplanung“ und „qualitative Personalplanung“.

b) Die Personalbeschaffung kann grundsätzlich auf 2 Arten geschehen. Nennen Sie diese.

c) Welche Vorteile hat die „externe Personalbeschaffung“?

d) Nennen Sie 5 Möglichkeiten, wie die Feine Salate & Delikatessen GmbH zu Bewerbungen für das neue Bistro kommen kann.

e) Der Personalchef überlegt eine Zusammenarbeit mit der Personalleasingfirma Müller Personal GmbH. Wären die Verkaufsmitarbeiter dann bei der Feine Salate & Delikatessen GmbH oder bei der Müller Personal GmbH angestellt?

Aufgabe 3
Die Homemade Catering GmbH & Co. KG hat mit 24 Mitarbeitern im letzten Jahr einen Umsatz von 3.000.000,00 € erwirtschaftet. Im laufenden Jahr werden ähnliche Umsätze erwartet. Durch 3 schöne Neuaufträge soll der Umsatz im kommenden Jahr um 1 Million € steigen.
Die Arbeitsproduktivität soll durch neue Maschinen um 10 % pro Mitarbeiter erhöht werden.
Es werden voraussichtlich 4 Mitarbeiter das Unternehmen verlassen, 2 neue Mitarbeiterinnen konnten schon für die Zukunft eingestellt werden.

a) Ermitteln Sie den Bruttopersonalbedarf.

b) Errechnen Sie den fortgeschriebenen Personalbestand.

c) Wie hoch ist der Nettopersonalbedarf?

d) Nennen Sie weitere Möglichkeiten der Personalbedarfsplanung.

Aufgabe 4
Erklären Sie folgende Begriffe der Personalplanung.

Stellenplan	Stellenbesetzungsplan	Laufbahnplanung	Beschaffungsplanung

Aufgabe 5
Um die Stelle eines Direktionsassistenten zu besetzen, wird als Auswahlverfahren ein Assessment-Center vorgeschlagen.

a) Nennen Sie 4 Übungen, die sich für ein Assessment-Center eignen.

b) Was soll mit einer Postkorbübung beim Assessment Center überprüft werden?

c) Zusätzlich soll eine Ausbildungsstelle zur Hotelfachfrau besetzt werden. Es sind 6 Bewerbungen angekommen. Nennen Sie 4 passende Verfahren zur Bewerberauswahl.

Aufgabe 6
Lina Müller arbeitet in der Personalverwaltung der Mainau Küchengeräte AG.

a) Ein Mitarbeiter aus dem Lager teilt mit, dass er schneller als andere arbeitet.
Er würde gerne auf einen Akkordlohn umstellen. Nennen Sie 3 allgemeine Voraussetzungen, die bei Akkordarbeit nötig sind.

b) Nennen Sie weitere Entlohnungsformen.

Lösungen zu Aufgabenblock F

Aufgabe 1:

Ersatzbedarf,	z. B. durch Kündigungen verursacht.
Zusatzbedarf,	z. B. in der Hochsaison an Ferienorten oder in der Landwirtschaft (Ernte).
Neubedarf,	z. B. bei Erhöhung der Kapazität oder Eröffnung einer neuen Filiale.
Personalabbau,	z. B. durch Rationalisierung oder Rezession.

Aufgabe 2:

a) Quantitative Personalplanung: Die Anzahl der Mitarbeiter/-innen wird geplant.

Qualitative Personalplanung: Die Qualifikation, Anforderungen der Mitarbeiter/-innen sowie der Einsatzort und Einsatzzeitpunkt werden geplant.

b) Interne Personalbeschaffung und externe Personalbeschaffung

c)

✓ Größere Auswahlmöglichkeit.
✓ Keine internen Konflikte um die Stelle.
✓ Neue Ideen und Impulse werden in das Unternehmen gebracht.
✓ Keine Personallücke durch den Wechsel in eine andere Abteilung.

d)

Schalten einer Stellenanzeige in der regionalen / überregionalen Zeitung.
Kontaktaufnahme mit dem Arbeitsamt.
Ausschreibung der Stellen im Internet (auch auf der eigenen Homepage).
Ansprache über die eigenen Mitarbeiter (evtl. Belohnung für eine erfolgreiche Vermittlung einer neuen Fachkraft).
Stellengesuche anschreiben (auch über die Bewerberdatenbank der Agentur für Arbeit).
Stellenangebote über das Radio in der Region veröffentlichen.

e) Die Mitarbeiter sind bei der Firma „Müller Personal GmbH“ angestellt und werden über einen Arbeitnehmerüberlassungsvertrag an die Feine Salate & Delikatessen GmbH verliehen.

Aufgabe 3:

a)

3.000.000,00 € Umsatz : 24 Mitarbeiter = 125.000,00 € Umsatz pro Mitarbeiter letztes Jahr

125.000,00 € Umsatz x 1,1 = 137.500,00 € Umsatz pro Mitarbeiter im kommendes Jahr
(1,1 ergibt sich durch die 10%ige Umsatzsteigerung)

4.000.000,00 € Umsatz neues Jahr : 137.500,00 Umsatz pro Mitarbeiter = 29,1 Mitarbeiter

Der Bruttopersonalbedarf beträgt 29,1 Mitarbeiter/-innen.

b)

Fortgeschriebener Personalbestand = Aktueller Personalbestand + geplante Personalzugänge – feststehende Personalabgänge

24 + 2 - 4 = **22 Mitarbeiter/-innen**

c)

Nettopersonalbedarf = Bruttopersonalbedarf - fortgeschriebener Personalbestand

29,1 - 22 = **7,1 Mitarbeiter/-innen**

d)

Schätzverfahren: Schätzung durch Führungskräfte und Experten, dass in kleinen Betrieben häufig verwendet wird. Das Schätzverfahren ist relativ ungenau.
Personalbemessung: Grundlagen sind oft die Fertigungsplanung sowie die vereinbarten Arbeits- und Vorgabezeiten. Personalbemessungsverfahren sind in Produktionsbetrieben verbreitet.
Stellenplanmethode: Die Kostenverantwortlichen überprüfen die Stellenbesetzungspläne ihrer Abteilung. Der Ist-Bestand wird mit dem Soll-Bestand abgeglichen. Bei Differenzen können so z. B. Einstellungen vorgenommen werden.
Monetäre Methoden: Es wird ein Finanzrahmen (z. B. Budget) festgelegt, der den Personalbedarf inkl. der dadurch verursachten Kosten festlegt. Dieses Verfahren wird z. B. bei Rationalisierungen angewandt.

Aufgabe 4:

Stellenplan: Zeigt alle genehmigten und zur Stellenbesetzung freigegebenen Stellen einer Organisationseinheit.

Stellenbesetzungsplan: Zeigt die tatsächlich besetzten Stellen in einer Organisationseinheit.

Laufbahnplanung: Zeigt die Abfolge von Stellen, die ein einzelner Mitarbeiter während seiner Entwicklung im Beruf durchlaufen sollte, um z. B. Führungsarbeiten zu übernehmen.

Beschaffungsplanung: Befasst sich mit der Deckung des zuvor ermittelten Personalbedarfs.

Aufgabe 5:

a)

Vorstellung		Präsentation	Gruppendiskussion
Rollenspiel	Fallstudie / Case Study	Interview	Selbsteinschätzung

b) Mit der Postkorbübung soll das Organisationstalent, Entscheidungsfähigkeit und Effektivität eines Bewerbers unter zeitlichem Stress untersucht werden. Dazu erhält er mehrere Aufgaben, die zeitnah erledigt werden müssen.

c)

Analyse der Bewerbungsunterlagen
Bewertung des Lebenslaufes
Bewerbungsgespräch / Vorstellungsgespräch
Praktikum / Schnuppertag / Probearbeiten
Eignungstest

Aufgabe 6:

a)

✓ Arbeitsbedingungen und Arbeitsabläufe müssen vorherbestimmbar sein.
✓ Die Mengenleistung muss für den Menschen beeinflussbar sein.
✓ Der Mengenbedarf und Zeitbedarf sind messbar.
✓ Die Arbeitssysteme müssen entsprechend ausgelegt sein (Unfallgefahr).

b)

Zeitlohn:	Entlohnung richtet sich nach der zeitlichen Anwesenheit am Arbeitsplatz.
Prämienlohn:	Neben dem Grundlohn wird eine Prämie bezahlt, z. B. auf einen erzielten Umsatz oder für sparsamen Umgang mit Materialien.
Erfolgsbeteiligung:	Beteiligung am Unternehmenserfolg / Unternehmensgewinn.
Betriebliche Sozialleistungen:	Zusätzliche Leistungen des Betriebes, z. B. Altersversorgung, Firmenwagen zur Privatnutzung.

G. Personalentwicklung 1

Aufgabe 1
Was ist unter Personalentwicklung zu verstehen?

Aufgabe 2
Sarah Weber ist für die Planung von Qualifizierungsmaßnahmen für die Mitarbeiter/-innen und Auszubildenden zuständig.

a) Nennen Sie 3 Wege, um einen Weiterbildungsbedarf zu ermitteln.

b) Was ist der Unterschied zwischen einer Stellenbeschreibung und einem Anforderungsprofil?

c) Zur Vorbereitung auf die schriftlichen Abschlussprüfungen werden vermehrt „e-learning Kurse" angeboten. Sarah Weber überlegt, ob das auch für ihre 8 Azubis, die vor der Abschlussprüfung stehen, in Frage kommt. Stellen Sie Vor- und Nachteile gegenüber.

d) Eine Weiterbildung für Mitarbeiter/-innen der technischen Abteilung soll im Haus erfolgen. Was spricht dafür?

e) Erklären Sie kurz folgende „Personalentwicklungsinstrument on-the-job".

Jobenrichment	Jobenlargement	Jobrotation	Coaching

Aufgabe 3
Die Personalleiterin Emilia Kola von der Rhein-Main Catering GmbH hat eine Fortbildung zum Thema „Gesunder Betrieb, weniger Stress, mehr vom Personal" besucht und überlegt nun, wie sie dieses neue Wissen in den Betrieb implementieren kann.

a) Was versteht man unter Work-Life-Balance?

b) Frau Kola überlegt zur weiteren Stressreduktion mit einem ortsansässigen Fitnessstudio einen Deal auszuhandeln, dass Mitarbeiter /-innen einen geringeren Mitgliedsbeitrag zahlen. Die Differenz übernimmt die Rhein-Main Catering GmbH. Macht das Sinn?

c) Nennen Sie Kriterien zur Auswahl des Fitnessstudios.

Aufgabe 4
Petra Portimann ist am 12.06. durch die Prüfung gefallen. Am 31.07. endet ihr Ausbildungsvertrag. Ihre Kollegin Juliane Freundlich hat die Prüfung bestanden.

a) Petra Portimann möchte ihre Ausbildung verlängern bis zur nächsten Prüfung. Muss der Ausbildungsbetrieb das ermöglichen?

b) Wie oft kann eine Prüfung wiederholt werden?

c) Ist eine Kündigung durch den Arbeitgeber notwendig, wenn Frau Freundlich nicht übernommen wird?

Aufgabe 5
Die Position des Abteilungsleiters im Haushaltswarenbereich soll intern neu besetzt werden.

a) Was ist unter Handlungskompetenz zu verstehen?

b) Welche Kompetenz wird bei den nachfolgenden Beispielen hauptsächlich angesprochen? Ordnen Sie zu.

1. Jana Karel kann gut selbständig Informationen beschaffen.	
2. Leon Müller kennt sich gut in der Buchhaltung aus.	a) Fachkompetenz
3. Jonas Wolters kann verschiedene Formen des Lernens gut einsetzen.	b) Methodenkompetenz
4. Tom Wulmer kann Aufgaben besonders gut in einer Gruppe bearbeiten.	c) Sozialkompetenz
5. Sonja Prinz nimmt Kritik gut auf und akzeptiert sie.	

Lösungen zu Aufgabenblock G

Aufgabe 1: Personalentwicklung umfasst alle Maßnahmen der Bildung, der Förderung und der Organisationsentwicklung, die vom Betrieb geplant oder vorgenommen werden. Es ist Teil der Personalwirtschaft.

Aufgabe 2:

a)

- **Befragung der Mitarbeiter/-innen**, z. B. durch ein persönliches Gespräch oder über Fragebogen.
- **Beobachten, Erfassen und Analysieren der Arbeitsprozesse**. Die Ergebnisse werden schriftlich festgehalten.
- **Beurteilung der Mitarbeiter/innen**. Die Grundlage für die Beurteilung richtet sich nach festgelegten Kriterien. Hier kann z. B. nach fachlichen, methodischen und sozialen Fähigkeiten unterschieden werden.

b) Eine Stellenbeschreibung zeigt die Tätigkeiten und die organisatorische Einordnung der Stelle in das Unternehmen. Das Anforderungsprofil beschreibt den idealen Stelleninhaber und seine Eigenschaften und Handlungsweisen.

Das Anforderungsprofil kann Teil einer Stellenbeschreibung sein.

c)

Vorteile	Nachteile
Keine Anreise- und Abreisekosten, wie bei externen Lehrgängen. Zeitunabhängig Gleichbleibende Qualität, da unabhängig vom Dozenten. Tests und Lernerfolgskontrolle sind oft inkludiert.	Gute Selbstdisziplin ist Voraussetzung. Sicherheit mit Computer und Programmen notwendig. Prüfungsfragen mit freien Antworten sind schwer darzustellen. Rückfragen können schwierig bis unmöglich sein.

d)

✓ Gute Abstimmung auf die konkrete, betriebliche Situation möglich.
✓ Geringere Kosten
✓ Ort und Termin können selbst festgelegt werden.
✓ Innerbetriebliche Schwierigkeiten und Probleme bleiben im Betrieb (Verschwiegenheit).
✓ Teamfördernd

e)

Jobenrichment: Es werden neue Aufgaben auf einer höheren Hierarchiestufe vergeben. Der Arbeitnehmer bekommt also nicht nur neue Aufgaben, sondern auch mehr Verantwortung und Entscheidungsmacht.
Jobenlargement: Es werden Aufgaben als Ergänzung zu den bisherigen Tätigkeiten hinzugefügt. Dabei handelt es sich immer um Arbeiten, die dem bisherigen Anforderungsprofil entsprechen. Fachliche Weiterbildungen sind selten notwendig; der Mitarbeiter wird auch nicht befördert.
Jobrotation: Arbeitsplätze und Aufgaben werden systematisch getauscht. So sind Mitarbeiter/-innen vielseitig einsetzbar. Die Arbeit wird abwechslungsreicher.
Coaching: Strukturierte Gespräche zwischen einem internen oder externen Berater und dem Arbeitnehmer, z. B. zu Fragen des beruflichen Alltags (Führung, Kommunikation und Zusammenarbeit).

Aufgabe 3:

a) Gleichgewicht von Arbeit und Leben (im weiteren Sinn auch: Vereinbarkeit von Familie und Beruf). Gemeint ist, wie die Arbeitszeit und Privatleben (Freizeit) im Verhältnis zueinanderstehen, sich unterstützen / möglichst im Einklang sind.

b) Stress bringt den Körper in Anspannung, bremst die Leistungsfähigkeit und macht auf Dauer krank. Sportliche Betätigung gehört zu den Stressbekämpfern / Ressourcen. Daher macht die Investition Sinn und dient auch der Gesunderhaltung der Mitarbeiter /-innen.

c)

Referenzen und Zertifizierungen des Studios
Qualifikation der Fitnesstrainer/-innen
Kursangebote z. B. zum Stressabbau
Räumliche Kriterien (Platzangebot, Fitnessgeräte, Sauna, Wellness)
Kosten und Vertragsbedingungen
Erreichbarkeit für die Mitarbeiter/-innen

Aufgabe 4:

a) Ja, wenn Petra Portimann das verlangt.

b) Die Prüfung kann 2x wiederholt werden.

c) Eine Kündigung ist nicht notwendig. Das Ausbildungsverhältnis endet in diesem Fall mit Bestehen der Prüfung.

Aufgabe 5:

a) Handlungskompetenz wird verstanden als die Bereitschaft und Befähigung des Einzelnen, sich in beruflichen, gesellschaftlichen und privaten Situationen sachgerecht durchdacht sowie individuell und sozial verantwortlich zu verhalten.

b) 1b, 2a, 3b, 4c, 5c

H. Personalentwicklung 2

Aufgabe 1
Jonas Johannsen ist für die Beurteilung der Mitarbeiter/-innen und Auszubildenden im Hotel Pazifik zuständig.

a) Bei der Beurteilung der Servicemitarbeiter/-innen in den 3 Restaurants wird ein gebundenes Beurteilungsverfahren angewandt. Was ist darunter zu verstehen? Nennen Sie 3 Vorteile dieser Form.

b) Für die Auszubildenden sollen regelmäßige Lernerfolgskontrollen durchgeführt werden. Ist dies sinnvoll? Nehmen Sie Stellung.

c) Erklären Sie kurz folgende Beurteilungsfehler:

- Primäreffekt (Primacy-Effekt)
- Halo-Effekt
- Rezenzeffekt (Nikolaus-Effekt)

Aufgabe 2
Der Personalchef der Imperial Hotel AG möchte frei werdende Führungspositionen vermehrt mit eigenen Mitarbeitern besetzen.

a) Was ist unter Potenzialanalyse zu verstehen?

b) Was sind High Potentials?

c) Leider konnten in letzter Zeit durch fehlende Maßnahmen in der Personalentwicklung frei gewordene Positionen nicht besetzt werden. Zeigen Sie 5 Folgen auf, die sich daraus ergeben könnten.

d) Um den Fachkräftebedarf in Zukunft zu decken, soll mehr ausgebildet werden. Nennen Sie 5 Maßnahmen, wie Sie Auszubildende für den Betrieb gewinnen können.

Lösungen zu Aufgabenblock H

Aufgabe 1:

a) Bei der gebundenen Beurteilung werden die Bewertungsmaßstäbe und die Kriterien für die Beurteilung vorgegeben.

Vorteile:

✓ Zeitaufwand geringer

✓ Weniger subjektiv

✓ Hohe Vergleichbarkeit

✓ Erfassung aller wesentlichen Merkmale

✓ Beurteilungskriterien sind bekannt

b) Lernerfolgskontrollen machen den Kenntnisstand der Auszubildenden sichtbar und geben Hinweise auf erreichte bzw. noch nicht erreichte Lernziele. Sie sollten deshalb regelmäßig durchgeführt werden.

Durch die Erfolgskontrollen kann leistungsschwächeren Auszubildenden Hilfestellung angeboten werden. Bei leistungsstarken Auszubildenden kann sogar eine Verkürzung der Lehrzeit möglich sein. Auch die Ausbildungsmethoden können so überprüft, verbessert und an die Auszubildenden angepasst werden.

c)

Primäreffekt (Primacy-Effekt): Die zuerst wahrgenommenen Leistungen prägen das Bild im Gedächtnis des Beurteilers und werden gegenüber späteren / aktuellen Leistungen überbewertet.
Halo-Effekt: Der Gesamteindruck oder eine Einzelbeobachtung überstrahlen andere eventuell positive oder negative Merkmale.
Rezenzeffekt (Nikolaus-Effekt): Kurz zurückliegende Leistungen haften noch am besten im Gedächtnis des Beurteilers und werden gegenüber länger zurückliegenden Leistungen überbewertet.

Aufgabe 2:

a) Potenzialanalyse bezeichnet die strukturierte Untersuchung des Vorhandenseins bestimmter Eigenschaften und Fähigkeiten von Mitarbeitern. Aus den erfassten Merkmalen wird ein Potenzialprofil erstellt. Dieses wird den betrieblichen Anforderungen gegenübergestellt.

b) High Potentials (englisch für hohes Potenzial) sind besonders talentierte Nachwuchsführungskräfte, die durch besondere persönliche Eigenschaften und Fähigkeiten für Führungsaufgaben geeignet sind.

c)

Umsatzeinbußen, da z. B. Veranstaltungen nicht durchgeführt werden können.
Qualitätsverlust durch Überlastung der Mitarbeiter/-innen.
Motivationsverlust, z. B. durch Anhäufung von Überstunden.
Verlust der Reputation.
Verlust von Marktanteilen.
Erhöhte Mitarbeiterfluktuation.

d)

✓ Azubi-Karrierewebsite und -blog

✓ Soziale Medien nutzen.

✓ Ausbildungsmessen

✓ Ausbildungsbroschüren

✓ Betriebspraktika und Schnuppertage

✓ Kooperation mit Schulen

✓ Teilnahme an Azubi-Wettbewerben, um hohe Ausbildungsqualität zu beweisen.

Ein Wort zum Schluss

Glückwunsch, Sie haben vielleicht schon den einen oder anderen Aufgabenblock bearbeitet.

Ziel dieses Buches ist es, eine gute Prüfungsvorbereitung zu einem günstigen Preis zu entwickeln.

Wenn Ihnen unser Buch weitergeholfen hat, dann empfehlen Sie es bitte weiter, gerne auch in Form einer Rezension bei Amazon.

Viel Erfolg weiterhin für Ihre Prüfungsvorbereitung!

Claus G. Ehlert . Autor . E-Mail: info@top-pruefung.de